Gundi Zimmermann

Optimisten lügen nicht

Geschichten für die neue Zeit

© 2022Gundi Zimmermann

Verlag: Tredition GmbH, Hamburg

Softcover ISBN: 978-3-347-75051-7

HardcoverISBN:978-3-347-75054-8

Printed in Germany

Erste Auflage 2022

Das Werk, einschließlich seiner Teile, ist urheberrechtlich geschützt. Jede Verwertung ist ohne Zustimmung des Verlages und des Autors unzulässig. Dies gilt insbesondere für die elektronische oder sonstige Vervielfältigung, Übersetzung, Verbreitung und öffentliche Zugänglichmachung.

Inhaltsverzeichnis

Die Idee zum Buch 6
Zauber der Verwandlung 9
Monolog und Meer 16
Im Himmel wird 'ne Wohnung frei 20
Anna* 25
Krafttraining für die Seele 39
Wie ich auf diese Welt kam* 44
Optimisten lügen nicht 48
Stille und Frau Luna 53
Der kleine Vogel* 57
Der sprechende Blumenkohl 72
Wo bitte geht's zum Stadtpark 76
Sprechen macht Wetter 81
Wo lassen sie denken? 88
Wachstumssymptome 92
...mit Happy End 95
Paradigmenwechsel 101
Zitate 113

* (aus: Innen gut, alles gut - Windpferd-Verlag)

Die Idee zum Buch

Die Meisten von uns haben eine Vorstellung, wenn es um die großen Themen Selbst- und Nächstenliebe geht. Was es heißt, in Liebe verbunden sein mit Allen und Allem auf unserem Planeten.
Rein theoretisch sind wir da schon ganz gut aufgestellt. Aber umsetzen werden wir diese Erkenntnis individuell nach unserem momentanen, irdischen Reifegrad.

Denn so gut wie jeder schleppt ihn noch mit sich rum, den, gut gepflegten, Schnippchenschläger und Fallensteller, das lebensprägende Ego.
Erworben durch Erfahrungen in der Kindheit, genetische Veranlagungen, Lebenswege oder Entwicklungen, die unreflektiert auf Autopilot laufen.
Zuweilen dient es uns, aber meist ist Ego der Impulsgeber für fragile Machtansprüche, Dominanzverhalten, Eifersucht, Täterschaft und Opfer sein oder Ängste, Verunsicherungen, sich verletzt fühlen und verletzen. Im schlimmsten Fall bewirkt Ego Kriege und politische Machenschaften.

Es heißt; jetzt ist der Beginn des goldenen Zeitalters! Noch glänzt unser Planet nicht im neuen Licht.
Zu viel Ego und mangelnder Selbstwert und zu wenig authentisches Sein der Menschheit. Die bedingungslose Liebe trägt noch keine Blüten.

Wir Menschen sind eben gemütliche Wesen. Solange es uns gut geht, werden wir selten etwas verändern wollen. Erst wenn es 'weh' tut, gucken wir genauer hin.
Damit wir aber weiterkommen muss es deshalb zunächst kräftig an uns rütteln, muss es ungemütlich werden.

Die Jahre 2020, 2021 und 2022 waren ein sehr deutliches Beispiel für umfassendes Chaos vor einer neuen, größeren Ordnung, wie es Friedrich Nietzsche mal in einem Zitat beschrieben hat.
Die neue Zeit kommt und das mit Sicherheit! Deshalb wird Transformation in den nächsten Jahren unser aller Aufgabe sein.

Was können wir dafür tun?
Das Wesentliche ist die Entwicklung bedingungsloser Liebe zu uns, dem Nächsten, den Tieren und der Natur. Das reicht komplett aus. Klingt einfach, ist aber im Alltag oft noch nicht umsetzbar. Da fehlt dann manches Mal noch die notwendige Voraussetzung; nämlich eine gute, ehrliche Selbstreflektion. Grundlage, um Fehler im eigenen Tun und Fühlen zu entlarven und im liebevollen Prozess entsprechend aufzulösen.

Die Geschichten im Buch meinen es, passend zu diesem Weg, gut mit unseren Ecken und Kanten und dienen wunderbar als Detektiv in eigener Sache.

Wie nebenbei öffnen viele Geschichten über Humor die Bereitschaft, die eigenen Egomacken zu akzeptieren, um sie von diesem Standpunkt aus viel besser auflösen zu können. Man wird im entsprechenden Alltagsfall an die passende Geschichte erinnert werden, versprochen!

Wir lesen aber auch spirituelle Geschichten, die unmittelbar auf die Seelenebene gelangen, wobei der Kopf 'nur' als Transportmittel fungiert. Weil, was ungefiltert in Liebe die Seele berührt, kann tief im Inneren Schatten lösen, trösten, Mut machen und alte Muster in Bewegung, hin zur Heilung, bringen.

Abgerundet werden die Geschichten von *Gedankenperlen*, kleine Meditationen, Tipps, Zitate, Anleitungen zur Heilung des inneren Kindes und Vertiefungen der jeweiligen Geschichte.

In der neuen Zeit wird es nicht mehr um Ruhm, Ehre und Ansehen durch Kapital gehen, das dient weder der Erde und auch den Menschen nicht! Vielmehr wird unser Kapital für eine gesunde Welt, auf der es sich zu leben lohnt, Liebe sein.
Liebe zu uns, zu unseren Kindern und dem Nächsten! Liebe auch zu Tieren, Mitgeschöpfe, die die Welt bereichern, solange wir sie achten. Liebe zur Natur und für mehr Einfachheit...

Es ist ganz sicher, wenn uns das gelingt, wird diese Erde keine Pandemien und schwere Krankheiten mehr kennen, kein Leid, keinen Hunger und keine Kriege. Es wird so werden, wie wir es uns alle tief im Herzen schon lange wünschen!

Vielleicht gönnst du dir jetzt deine kleine Auszeit nur für dich! Machst es dir etwas gemütlich. Suchst dir einen guten Platz, kuschelst dich in eine Decke ein, Tee oder was du magst dazu.
Und dann lass dich von den inspirierenden, gut gelaunten oder auch zum Nachdenken anregenden Geschichten mitnehmen ins Erwachen der neuen Zeit!
Manches wirst du nach der Lektüre anders betrachten, neue Perspektiven erkennen, reflektieren, was du auf deinem Weg noch verändern möchtest. Andere, liebevollere Zugänge zu dir selbst entwickeln, Trost finden und auf jeden Fall auch lachen können und gut unterhalten sein.

Zauber der Verwandlung

Es ist Sonntagabend und einmal mehr hat Dr. Stuckmann sein exzellentes Familien Aufstellungsseminar erfolgreich beendet. Die zehn Teilnehmer haben inzwischen die schönen Räumlichkeiten des Bildungszentrums von Isselburg mehr als zufrieden verlassen. Dr. Stuckmann wirft einen letzten Blick in den Veranstaltungsraum und macht sich dann auch auf seinen Heimweg.

Was keiner der Beteiligten ahnt, der aufgeräumte und leer geglaubte Raum ist keinesfalls leer.
Ganz still auf einem Stuhl an einer Wand mit Christus Bild sitzt ein alter, weiser, über alles liebevoller, gütiger Mann. Bariel! Besser gesagt, Erzengel Bariel. Er ist gut befreundet mit den Schutzengeln der Menschen. So wohnt er immer mal wieder gerne Zusammenkünften bei, die seelische Heilarbeit zur Aufgabe haben.
Immer wenn die Menschen sich nach einem solchen Treffen besser fühlen, freut es Erzengel Bariel gewaltig.
Nach einer Familienaufstellung wissen viele Teilnehmer Gefühle, zum Beispiel ihrer Eltern, oder zuvor unverständliche Verhaltensweisen ihrer Lieben, meist viel klarer zu übersetzen. Veränderung und Heilung kann die Folge sein.
Und sind einmal Menschen dabei, die in ihrer Wut feststecken, die ihren Hass auf jemanden noch nicht aufgeweicht bekommen, dann segnet Bariel die armen Seelen voller Mitgefühl. So auch heute.
Während der Aufstellungsarbeit haben alle Teilnehmenden die Gefühle ganz fremder Personen, die nicht mal anwesend waren, ganz deutlich gespürt.
Da war Liebe, Vertrauen, Hass und Angst im Raum.
Und nun sind alle Teilnehmer fort.

Nur etwas Erstaunliches ist geblieben. Das, was alle fühlen konnten, Erzengel Bariel kann es sehen. Die Gefühle, die niemand mit den Augen wahrgenommen hat, sie sind noch da.

Imposant und als größtes Gefühl steht die Liebe mitten im Raum. Die Menschen glauben sie oftmals tief rot zu empfinden. Aber die Liebe ist strahlend weißes Licht mit Facetten eines edel geschliffenen Diamanten. Sie leuchtet göttlich. Vor ihr wird kein Gefühl den Raum verlassen, denn an der Liebe kommt niemand vorbei.

In einer Ecke des Raumes steht breitbeinig der Hass mit dem Rücken zur Liebe. Grau, in schwefelgelben Dunst gehüllt, raucht er teerartige Nebel aus seinem Kopf.

In der anderen Ecke hockt die Angst, den Blick unentwegt auf den Hass gerichtet. Auch sie ist grau. Von dem schönen Blumenkränzchen auf ihrem Haar, dem hübschen Blütenkettchen und dem Blumengürtel weiß sie leider gar nichts.

Und dann ist da ein fröhliches Wesen, Elfen gleich anzusehen. Bunt und lebendig. Dieses Wesen hüpft durch den Raum. Mal nahe zur Liebe, dann wieder zum weisen Bariel. Der Erzengel hat große Freude an diesem kindlichen Wesen. Das Vertrauen, es ist so leichtfüßig und doch ganz sicher auf seinen Beinen.

Erzengel Bariel steht auf, sein Mitgefühl bringt ihn zur Angst: "Angst, du Liebes! Dein Leiden ist ein Virus aus schlimmer Zeit und bösen Worten. Aber sobald du die Stärke findest, immun gegen dieses Virus zu werden, wirst du heil und verwandelst dich. Dann bist du Mut."
Jetzt kommen auch die Liebe und das Vertrauen zur Angst. Aber das macht es für die Angst im Moment noch schlimmer. Liebe, Vertrauen und Erzengel Bariel sind so mächtig. Und die Angst kann diese Größe in sich selbst noch gar nicht wahrnehmen.

Die Liebe spürt das natürlich und hockt sich zur Angst auf den Boden. Das Vertrauen folgt ihr und der alte, weise Erzengel holt seinen Stuhl und setzt sich auch zur Angst.
In diesem Moment hat die Liebe eine großartige Idee. Sie zieht aus ihrem kristallinen Sein einen wunderschönen Spiegel hervor und lässt die Angst hinein sehen. Ein magischer Moment!
Die Angst kann sich zum ersten Mal selbst sehen. Und jetzt entdeckt sie auch das schöne Blumenkränzchen auf dem Haar, die herrliche Blumenkette und den bunten Blumengürtel. Und noch etwas entdeckt die Angst, etwas, das ihr warme Tränen in die Augen steigen lässt. Die einzelnen Blüten tragen alle Namen. Da steht Mut, Neugier, Humor, Verständnis, Mitgefühl, Selbstwert und Dankbarkeit. Und auf den Blüten der Kette findet die Angst in Herznähe die Namen Liebe und Vertrauen. Sie weint vor Glück. Das hatte sie nicht gewusst.
Bariel, die Liebe und das Vertrauen drücken eine Träne mit der Angst, beseelt vom Augenblick.
Und Erzengel Bariel spricht

«Mein Liebes, du bist wandlungsfähig! Du hast die Möglichkeit zu Mut zu werden, mit allen Talenten, die dein Blumenschmuck dir zeigt. Schau hin und erkenne!»

Die Liebe strahlt

«Behalte den Spiegel, er gehört ab heute dir. Und immer wenn es unruhig werden will in dir und du neigst zur alten Angst zu werden, schau in deinen Spiegel und werde dir immer wieder gewiss, wer du wirklich bist.»

Die Liebe und das Vertrauen erheben sich, auch Erzengel Bariel steht auf, reicht der, sich schon langsam wandelnden, Angst seine Hände und hilft ihr aufzustehen.
Nun spricht das Vertrauen

«Liebe Freundin, ich öffne dir jetzt diese Tür, sie führt dich in die Freiheit. Sobald du den Raum verlässt und über die Türschwelle hinaus gehst, wirst du Mut sein!»

Und so geht das Vertrauen vor zur Tür und öffnet sie. Die Liebe begleitet die Angst zur Tür und geht dann voraus, um die Angst draußen in Empfang zu nehmen. Tapfer tritt die Angst über die Türschwelle hinaus und kaum ist sie draußen, da verwandelt sie sich tatsächlich rasend schnell in leuchtend, blauen Mut mit all' den wunderbaren Facetten, die den Mut verzieren.

Nun hat auch das Vertrauen den Raum verlassen. Die Liebe, der frisch gewandelte Mut und das Vertrauen setzen sich draußen ins Gras. Ein sternenklarer Himmel macht, dass Frau Luna sich von oben strahlend dazu gesellt. Harmonie steigt aus der Wiese auf.
Erzengel Bariel aber bleibt noch im Raum. Eine Aufgabe gilt es noch zu lösen.
Der Hass, er steht ganz unbeteiligt der Geschehnisse rauchend in seiner Ecke. Der weise Bariel fasst ihn leicht bei der Schulter. Als Erzengel ist es ihm möglich, selbst den Hass zu bewegen. So wendet sich dieser Bariel endlich zu. Jetzt sieht der gütige Engel wie blind der Hass ist. Nicht blind in den Augen, so, wie manche Menschen, die ein Schicksal tapfer tragen müssen. Nein, blind im Herzen. Blind, kalt und einsam.

Erzengel Bariel greift nach einer warmen Decke, die er aus einer höheren Dimension in den Raum zieht. Er legt sie dem kalten Hass um. Diesem ist das sehr, sehr fremd und es irritiert ihn derartig, dass er aufhört aus dem Kopf zu rauchen und erstarrt.
Und Erzengel Bariel spricht

«Sperr dich nicht, ich lasse dir nun Heilung zukommen!»

Ehe der Hass etwas entgegnen kann, ist er ein kleiner, 5 jähriger Junge. Und jetzt taucht neben ihm eine Frau auf und der kleine

Junge weiß, das ist eine Mutter, jetzt seine Mutter. Sie nimmt den Kleinen liebevoll in ihre Arme und scheint auf ihren Jungen sehr stolz zu sein. Sie lacht und reicht dem Kleinen seinen Lieblingskuchen, Schoko mit Birne. Die beiden futtern genüsslich, mit großem Wohlgefühl. Jetzt kommt auch ein Vater hinzu. Er umarmt den kleinen Jungen. Auch er scheint sehr stolz und voller Liebe für seinen Sohn zu sein.

Dem Jungen geht es hervorragend. Er weiß, dass er von seinen Eltern respektvoll behandelt und von Herzen geliebt wird. Der Vater verabredet mit dem Jungen einen Ausflug in den Freizeitpark, große Freude beim Kleinen ist die Folge. Alles ist gut und genau richtig so.

Erzengel Bariel lässt diese wunderbare Situation eine ganze Weile wirken. Dann macht er etwas Geniales. Er lässt den Hass, den er zum kleinen, 5 jährigen Jungen verwandelt hat, ganz langsam, mit dem Gefühl und Erlebten eines geliebten Kindes wieder älter und größer werden. Immer weiter im guten Kindergefühl, bis er erwachsen ist, wie zu Beginn.

Nur, dass ganz Fantastisches dabei geschieht. Das ehemalige Gefühl wird nicht wieder der hässliche Hass, sondern nun ist es ein strahlend schöner Mann. Alles ist abgewaschen, aller Dreck ist während der liebenden Kindersituation aufgelöst.

Es ist gelungen! Weil der Hass mit seiner Seele einmal eintauchen durfte in das befreiende Gefühl eines geliebten Kindes, hat er zum gesunden Sein zurückgefunden.

Gottlob ist aus dem blinden Hass die Friedfertigkeit geworden. Und so verlassen Erzengel Bariel und die neue Friedfertigkeit nun auch gemeinsam, wie zwei gute Freunde, den Raum. Sie gesellen sich draußen zur Liebe, zum Vertrauen, zum Mut und Frau Luna, die gerade von oben fröhlich ruft

«Wie perfekt ist das denn! Mögen alle Menschen begreifen, dass sie zu ihrem Glück nicht mehr brauchen als Euch!»

Und gut gelaunt greift Erzengel Bariel noch mal ins 'Nichts'. Wer warme Decken herzaubern kann, der zaubert auch wunderbare Lichtspeisen auf die mitternächtliche Wiese. Und so geschieht es, dass eine Gruppe wertvoller Gefühle mit einem großartigen Erzengel freudig feiert.

Als Dr. Stuckmann am folgenden Samstag mit einer neuen Gruppen Familien Aufstellungswilliger im Bildungszentrum von Isselburg den Raum betritt, ist er mehr als verwundert. Der Raum glänzt und strahlt, als wäre er mit 1000 Kerzen ausgeleuchtet. Eine ganz gründliche Putzfee, so vermutet Dr. Stuckmann, sei hier wohl am Werk gewesen. Die Teilnehmer nicken zustimmend und fühlen sich jetzt schon sehr wohl.

Und an der Wand mit dem Christusbild sitzt still auf einem Stuhl ein alter, weiser, über alles liebevoller, gütiger Mann und lächelt.

Gedankenperlen

Wir alle waren mal Kinder, haben die unterschiedlichsten Erfahrungen gemacht. Hatten wir Eltern voller Liebe mit dem Vermögen, uns als Kind mit viel Geduld, Verständnis und Achtung zu begegnen, dann durften wir eine erfüllte Kindheit erleben. Entsprechend harmonisch wird unser Leben, sollte kein Schicksalsschlag es durchkreuzen, verlaufen.
Jetzt geht es leider auch anders. Kindheiten, in denen ein Kind viel gestraft, missachtet oder verängstigt wird, sind nicht so selten. Sind wir erwachsen, wird sich meist etwas blockierend in unseren Alltag legen.
Wie gut, dass wir nicht leben müssen, was wir erlebt haben!
Jede Altlast, im grauen Sack voller Vergangenheit, oft schwer im Alltag zu tragen, kann aufgelöst werden.

Es ist niemals zu spät für eine glückliche Kindheit! Im folgenden findest du eine Transformationsübung, die hierbei sehr hilfreich ist

Schreibe dir einmal auf, wie du dir einen idealen Vater, eine ideale Mutter vorstellst. Fällt es dir schwer, weil die Erfahrungen andere waren, dann gehe in die Rolle eines Regisseurs, setze dich mental in ein Theater und lasse auf der Bühne eine Szene entstehen, in der eine Mutter und ein Vater sich voller Liebe ihrem Kind widmen.
Übertrage diese Situation auf deine Fragen:
Wie stelle ich mir meine ideale Mutter, meinen idealen Vater vor?
Wie wird es mir als Kind bei solchen Eltern ergehen?

Ist dir dieses schriftlich gelungen, dann nimm dir etwas Zeit für dich.
Steige ein, in ein wunderbares Kopfkino. Versuche dich selbst als das geliebte Kind wahrzunehmen, das bei bezaubernden, großartigen Eltern lebt. Eventuell bedarf das ganz neuer Eltern, was für unsere Vision durchaus okay ist.

Suche dir eine Situation aus, wie zum Beispiel; dein Kindergeburtstag, gemeinsames Basteln, Backen oder vielleicht ein Besuch im Freizeitpark oder ähnliches. Wichtig ist dabei, in die vorgestellte liebevolle Situation mit möglichst viel Emotion und innerem Bilderablauf einzusteigen, um einmal, wenn auch kurz, an das Gefühl eines geliebten Kindes zu kommen.Gelingt dir das, dann triggert es tief in dir etwas sehr Wichtiges! Zu fühlen, ein geliebtes Kind zu sein, erinnert die beladene Seele an ihren heilen Ursprung.
So simpel wie es klingt, wird es nicht immer vorstellbar sein. Schließlich war die erlebte Realität eine andere. Bleiben wir visuell am Ball, dann wird unser Inneres dem Vorgestellten bald mit passendem Gefühl folgen, der Transformationsprozess kann beginnen.
So gelingt uns etwas Großartiges, ähnlich dem Ablauf in unserer Geschichte mit Erzengel Bariel!

Monolog und Meer

Es muss nicht der Atlantik sein, nicht das Mittelmeer. Nordsee reicht mir. Dann noch Strand mit Sand und es ist perfekt. Am liebsten dort, wo sonst gerade kein Anderer ist.
Da sitze ich dann am Rand zum Meer und schaue den Wellen beim, immer neu an den Strand plätschern zu. Wenn sie denn da sind, die Wellen. Wenn nicht, dann ist einmal mehr Ebbe.
Ebbe und Flut.. Ist nicht alles im Leben wie Ebbe und Flut? Ebbe in der eigenen Kasse, vielleicht gerade krank oder unzufrieden im Job. Vieles läuft einfach schief und es geht überhaupt nicht gescheit vorwärts. Wir fühlen uns grau und unbeweglich. Ebbe!
Aber alles geht vorbei, auch das. Irgendwann geht es auch wieder weiter. Wir kommen in Bewegung. Ein neuer Job schafft Erleichterung. Wir heilen nach längerer Krankheit, schließen Frieden mit unseren Kindern und können wieder leichter denken und besser handeln. Die Flut kommt zurück! Es wird lebendig in uns und bald schon rollen die Wellen wieder im gleichmäßigen Rhythmus an unseren Lebensstrand.
Nichts bleibt, alles kommt, alles geht. Ebbe und Flut, unser Leben. Ist es gut, dass nichts bleibt? Ist es schlecht? Wie gerne würden wir selektieren. Alles Schöne soll für immer bleiben und das Leidvolle niemals sein. Aber Leben geht anders.
Da erleben wir Zeiten, die passen uns gar nicht. Alles so schwer und manchmal schier unerträglich. Und dann sind genau diese fiesen Phasen meist das, was uns leidend wachsen lässt. Man sagt; die schwierigen Zeiten im Leben können auch die wichtigsten sein. Danach, wenn es uns langsam besser geht, wissen wir viel dankbarer zu achten, was wir Schönes in unserem Leben erfahren.
Wäre es nicht großartig, könnten alle Menschen das wertvolle Gefühl der Dankbarkeit immer wieder bewusst in sich wahrnehmen!? Und das, auch ohne durch schwierige Zeiten zuvor wachgerüttelt

worden zu sein!? Die Folge wären fröhliche, herzliche Menschen, die achtsam und mitfühlend miteinander umgehen können.
Dankbarkeit ist der Samen, seine Blüte ist die Liebe!

Versunken sitze ich im Sand, das Wasser läuft auf. Seitlich vor mir liegen 3 dicke, große Steine am Meeresrand. Die erste Welle umspült die Steine. Ich glaube, sie sind sehr alt. In stiller Ausgeglichenheit lassen sie jede Welle über sich ergehen. Seit Jahrhunderten? Jahrtausenden? Wellen umspülen die alten Steine bis sie bei Hochwasser komplett untertauchen. Und dann, nicht lange und das abziehende Meer legt sie wieder frei.
Die Festigkeit, Ruhe und Beständigkeit eines Steines, egal ob Ebbe, egal ob Flut, ist es nicht genau das, was uns Menschen so oft fehlt?
Ich betrachte die ruhenden Naturwesen Stein, sehe wie immer mehr Wasser sie umspült. Es erschüttert sie nicht. Sie liegen hier unbeeindruckt jeder Naturgewalt.
Ruht in diesen Steinen nicht so etwas wie natürliche Weisheit? Sie sind einfach, ohne wenn und aber.
Und wir? Eigentlich denken wir ständig irgendetwas, aber wir sind nicht unsere Gedanken. Und wir empfinden ständig etwas, passend zu unseren Gedanken. Aber wir sind nicht unser Gefühl. Vielleicht sollten wir viel häufiger mal beobachten, was wir denken und fühlen. Hingucken, ob es nicht doch so manches Mal sinnvoller ist, weniger Denkschleifen im Kopf zu drehen und mehr Gott vertrauend im Augenblick zu verweilen.

Meine Füße sind inzwischen nass geworden. Noch 2 größere Wellen, dann ist es meine Hose auch. Im Oktober nicht so erbaulich. Ich bin ja kein Stein. Deshalb ist es nun besser aufzustehen. Tschüss, Steine! Nordsee, bis Morgen!
Ich mach mich auf den kurzen Heimweg zu meiner Pension.
Steine sind still, unberührt, aber auch kalt. Ich überlege auf dem Rückweg, wie man wohl würdevolles Menschsein definieren könne. Ebbe und Flut, akzeptieren wie es kommt. Besonders dann, wenn ich es im Moment nicht ändern kann. In sich ruhend wie die

Steine, aber nicht kalt. Akzeptieren, in sich stark und ruhig bleiben, voller Gottvertrauen sein Herz öffnen. Mitfühlend aber nicht mitleidend, das hilft niemandem. Seinen Platz in dieser Welt annehmen und ausfüllen. Dankbar das Mögliche aus dem Leben machen und dabei niemals aufgeben. Niemals frustriert das Handtuch schmeißen oder als aussichtsloses Opfer mit dem Schicksal hadern. Mache ich mich zum Opfer, unbeweglich verharrend, schließlich war meine Vergangenheit ein wahrhaftig schwerer Weg, dann werde ich meine Chancen im Leben niemals wirklich wahrnehmen können.

Unsere plappernden Stimmen im Kopf, das sind nicht wir in unserem Ursprung. Wir müssen hinhören, bei dem, was wir denken. Wir werden staunen. So viel Müll und oft wenig Wertvolles. Was da alles zusammenkommt. Immer wieder beurteilen, bezweifeln, wütend denken, sich selbst kritisieren, gedanklich im Kreis über Stunden immer wieder an der gleichen Stelle vorbei kommen, ängstlich befürchten, sich sorgen…
Wir Menschen sind doch komisch!

Ich bin bei meiner Unterkunft angekommen.Gleich gibt es Tee und ein leckeres Lupinen Schnitzel mit Schmorgemüse. Ich freue mich darauf.
Mein Zimmer hier ist sehr gemütlich, mit Balkon und leisem Meeresrauschen, wenn es denn da ist, das Meer. Ich überlege, ob mir zu meinem nachmittäglichen Kopfmonolog ein guter Rundmacher als Abschlussgedanke einfällt. Aber mein Abendhunger ist erfolgreicher Gegner auf der Suche nach einem philosophischen Schnellschuss.

Vielleicht fällt dir, liebe Leserin, lieber Leser, ja was Gutes zu unseren Gedanken ein. Dann schreibe es dir auf und lass es wirken!

Gedankenperlen

Es ist erstaunlich wie deutlich übertragene Bilder Aussagen über die Persönlichkeit machen können. Wir finden hierbei nicht nur Erkenntnisse zu unserem Lebenszugang sondern *sehen* auch spannende Aspekte anderer in unserem Umfeld.

Wir nehmen das Beispiel Schiffbau:
Stelle dir einmal folgendes vor, du befindest dich mit Freunden oder der Familie, dem Partner oder Kollegen an einem Strand. Hier liegt jede Menge Material herum, mit dem wir ein Schiff bauen können. Alles, was wir brauchen ist da!
Lass nun vor deinem inneren Auge jeden, den du mental mit zum Strand genommen hastein Schiff bauen.

Schaue mal in deiner Vorstellung genau hin! Wer baut alleine? Wer baut gar nicht oder steht hilflos am Meeresrand? Wer fordert auf, zu helfen oder wer lässt bauen?Wessen Schiff wird Hochsee tauglich sein? Wessen Schiff gleicht eher einem Kutter oder droht schon beim Stapellauf auseinander zu brechen? Wer baut ein edles Schiff, wer eher ein praktisch funktionierendes?
Dieses Kopfkino kann spannende Aha-Erlebnisse bringen, weil es erstaunlich gut funktioniert. Ganz nebenbei lenkt es mal von einem, zuweilen, anstrengenden Alltag ab.

Im Himmel wird 'ne Wohnung frei

Gerne erinnere ich mich an meine Tante Cilli. Ihr ursprünglicher Name war Cäcilia und ihre ursprüngliche Wesensart bis ins hohe Alter kämpferisch und sehr agil. Vielleicht war das auch ein Grund für ihre etwas anderen Freundschaften.
Da waren zum Beispiel ihre Jungs, Polizeibeamten der Stadt Recklinghausen. Regelmäßig kaufte Tante Cilli ein paar Kringel Fleischwurst und frische Brötchen für *ihre Abteilung* und besuchte ihre Jungs dann im Präsidium.
Oder sie ging samstags zum Bürgermeister Empfang. Diskutierte bei kommunalen Themen fleißig mit und amüsierte sich jedes mal fürstlich darüber, dass, nicht spätestens beim anschließenden Brunch mit Sekt, jemand fragte, wer sie sei und welcher Partei sie denn angehöre.

Nachdem sie 90 geworden war ließ ihr Aktivismus, wie über Nacht, deutlich nach. Wollte sie mit 89 Jahren noch beim Karnevalsumzug oben auf dem Prinzenwagen mitfahren, den Stadtprinzen kannte sie natürlich auch, so sanken ihre Interessen bis zum 91. Lebensjahr fast gegen Null.

Irgendwann wurde sie krank. Kein Arzt konnte Genaues feststellen. Ich glaube, ihre Lebensuhr tickte einfach dem Ende entgegen.
Im Krankenhaus besuchte ich sie dann häufig. Wir haben dabei ihre und unsere gemeinsame Zeit Revue passieren lassen.
An guten Tagen konnte Tante Cilli dabei Tränen lachen. Später schlief sie viel und ich saß neben ihrem Bett und habe einfach gewartet. Wurde sie dann wach, konnte es sein, dass sie mit zittrigen Fingern zur Zimmerdecke zeigte

«Guck mal, der Karl ist da!»

Karl war ihr Bruder und vor 7 Jahren in die Geistige Welt vorgegangen.

In der kurzen Zeit, die ihr noch hier unten blieb, sprachen wir oft mit Karl. Einmal kam genau in einem solchen Moment die Krankenschwester zum Fieber messen ins Zimmer.

«Karl sagt, er wohnt oben schön!»

erklärte meine Tante ihr unverblümt mit etwas gebrochener Stimme.Die Schwester schaute mich daraufhin belustigt an und meinte

«Die alten Leute hier halluzinieren öfter mal, darf man nicht ernst nehmen.»

In diesem Augenblick wurde mir blitzartig klar; ich wäre gern weiser. Aber bin ich nicht, denn mir war nach spucken und treten.
Ich weiß, das ist nicht schön. Aber beweisen, dass Karl aus der Geistigen Welt mit seiner Schwester Cilli spricht, können wir nicht.Beweisen, dass er es nicht tut, kann aber auch keiner. Niemand kann festlegen, was zwischen Himmel und Erde geschieht und möglich ist. Und niemand hat grenzenlosen Zugang zur Wahrheit, wenn es um spirituelle Möglichkeiten geht.

Vielleicht macht es doch auch Sinn, dass, in dem Maße wie der Körper einschläft, der spirituelle Geist wacher wird. Ist es dann nicht durchaus möglich, dass über eine höhere Ebene Kontakt mit Drüben funktioniert. Und sollte es gehen, wie tröstlich ist dann der Gedanke; drüben wartet jemand auf mich. Es geht weiter! Alles wird wieder gut und sterben ist der Übergang in ein schöneres Leben jenseits dieser Welt.
Dann ist das Sterben kein Tod, sondern die Voraussetzung, um durch ein Tor in die Geistige Welt zu gelangen.
Mit dieser Gewissheit werden Menschen viel, viel leichter gehen können.

Und deshalb ist nicht zu verantworten, diesen Menschen ihre eigenen Erfahrungen während der letzten Erdentage, ihre Kontaktgedanken, wegnehmen zu wollen.

Alles das sagte ich der Krankenschwester nicht, sondern zeigte auch spontan zur Zimmerdecke

«Schauen Sie nur, wer da noch an der Rampe steht. Wahnsinn! Michael Jackson! Und jetzt winkt er uns zu und danced ein bisschen. Sieht er nicht gut erholt aus?»

Die Krankenschwester sagte nichts mehr, tat wortlos ihre Arbeit und verließ das Zimmer.

Das war unser letzter gemeinsamer Spaß. Danach schlief meine Tante fast 2 Tage am Stück. Einmal, ich war gerade da, wurde sie noch mal kurz wach und murmelte undeutlich

«Karl sagt gerade, im Himmel wird 'ne Wohnung frei, die nehme ich!»

Glaube, sie lächelte als sie ein paar Stunden später tatsächlich eingeschlafen war. Ich weiß, drüben wird sie ganz schnell wieder die alte Kämpferin in neuem Glanz sein.

Erwähnt sei noch, dass es durchaus sehr nette und empathische Krankenschwestern und Pfleger*Innen gibt, die viel und professionell leisten. Auch unsere Krankenschwester gehört letztendlich dazu!

Gedankenperlen

Lass uns in eine Gedanken-, Gefühlswelt einsteigen, die, unser Herz berührend, dem großen Kollektiv aus dieser und der Geistigen Welt näherbringt.

Wir stehen auf einer weiten, grünen Wiese. Gerade ist alles gut so wie es ist. Ruhe und Frei, gleich einem Regenbogen über uns, gibt uns das Gefühl der Geborgenheit.
In der Ferne nehmen wir ein Licht wahr, welches ungeheure Liebe ausstrahlt. Wir spüren in unser emotionales Herz hinein und wissen; das gleiche Licht strahlt auch in uns, im Rahmen, der uns gegebenen Möglichkeiten.
Etwas sagt uns, dass wir uns dem Licht dort in der Ferne so noch nicht weiter nähern können, zu stark ist die Energie der ausstrahlenden Liebe!

Aber wir wissen auch, umso mehr wir uns bemühen in Liebe das Richtige zu tun, desto leichter nähern wir uns mit der Zeit der unermesslichen Liebesenergie dort in der Ferne an.
Lass nun von deinem Herzbereich, dem Herzchakra, aus ein kristallines Leuchten ausgehen, lass es immer stärker, heller werden. Spüre, wie dieses Licht aus Liebe im ganzen Körper strahlt.

Spüre, wie es jetzt über deinen Körper hinaus, in alle Richtungen, dein ganzes Umfeld gleich einer Sonne in Licht taucht. Und es breitet sich weiter aus, lässt einen weiten Raum um dich herum erstrahlen.
Dein Licht fließt weiter raus und verbindet sich mit einer universellen Kraft in Liebe. Du bist nicht mehr Ego und Ich, du bist verbunden mit dem Ganzen auf einer höheren Ebene, dort, wo es keine Zeitbegrenzung und kein Leiden gibt, wo du ganz heil bist und angeschlossen in Resonanz mit deinem Inneren.
Jetzt bist du dem ungeheuer Liebe ausstrahlenden Licht in der Ferne in deinem Bewusstsein viel näher gerückt.

Lass das angeschlossen Sein eine Weile in dir wirken, bevor du zu deinem hier Sein in Begrenzung zurückkehrst!

Die göttliche Verbindung mit allem in dir kannst du täglich stärken. Dann wird bald der Tod für dich ein sicheres Wechseln in eine andere, geistige Welt sein. Du wirst dir sicherer werden, im Glauben an ein Weiterleben nach dem physischen Tod in einer Ebene, wo du Vorausgegangene spirituell treffen kannst und dich anders weiterentwickeln, bevor du dann irgendwann zur Erde zurückkehrst, um weiter deinen friedvollen Weg zu gehen, dem großen, ungreifbaren Licht entgegen!

Anna

Als Anna sieben Jahre alt war, hatte sie schon ganz wichtige Dinge *gelernt*:

Erwachsenen widerspricht man nicht! Mama wird krank, wenn ich in meinem Kinderzimmer nicht ihre Ordnung einhalte! Wenn ich etwas falsch gemacht habe, wird Papa wenn er abends heimkommt bestrafen.
Sie hatte auch schon *gelernt*

«Das kannst Du nicht! Dafür bist Du zu klein! Du bist tollpatschig! Du nervst! Du bist nicht dran!»

Und da all' das sich täglich wiederholte, lernte Anna, dass es im Leben nicht um sie ging, sondern um das Wohlergehen von Mama und Papa und den anderen Erwachsenen in ihrer Welt.
So wuchs sie zu einer netten, stets höflichen jungen Frau heran.
Gut erzogen widersprach sie auch jetzt niemandem. Lieber steckte sie in schwierigen Situationen zurück und fügte sich. Es war ja alles gut so.
Als Anna 20 Jahre alt war lernte sie einen, wie sie fand, total tollen Mann kennen. Dass er große Ähnlichkeiten mit ihrer Mutter hatte, bemerkte sie nicht. Sie hatte ihn einfach aus einem so sehr vertrauten Gefühl gewählt. Sie heirateten und der Mann übernahm die Rolle der Mutter. Er kontrollierte, wusste stets alles richtig und besser, erwartete große Aufmerksamkeit und wenn Anna gestraft werden musste schwieg er einfach.
Anna war in ihrer Kindheit *gut erzogen* worden, sie hatte viel gelernt, also fügte sie sich. Stets versuchte sie es dem Mann möglichst recht zu machen, in der Hoffnung, dann besser behandelt zu werden. Leider war das Gegenteil der Fall. Umso mehr Anna sich be-

mühte, umso strenger und fordernder wurde ihr Mann. Trotzdem hatte alles auf sonderbare Weise so seine Ordnung und eine lange Zeit ging es auch gut.

Doch eines Tages, Anna war gerade 31 Jahre alt geworden, vermutete sie krank zu sein. Großes Unwohlsein befiel sie. Im Hals drückte ein Kloß, das Herz tat weh, der Rücken auch. Manchmal blieb die Luft einfach weg und im Kopf war sie ganz benommen. Oft war ihr auch schwindelig oder übel. Dann diese komische Angst, was sollte das?

Die Angst kam zunächst total überraschend, ganz schlimm. Später kam Angst vor der Angst hinzu, es wurde immer schlimmer. Ihr Mann verstand das nicht. Es war kein gutes Gefühl für ihn. Nun war seine Frau auch noch krank geworden. So schickte er Anna zum Arzt. Der Doktor war sehr gründlich, untersuchte sie von Kopf bis Fuß und machte ein EKG und EEG, GOT, MCV, MCH, SPD, GEZ und VHS, Ergebnisse Freitag. Gottlob, es war alles o.B., alles okay. Anna war zunächst sehr froh. Leider hielt das nur ein paar Tage an, dann kamen die Symptome wieder.

Nun wurde Annas Mann recht ungemütlich. Seine Frau ein Hypochonder! Das wollte Anna nicht sein. So bemühte sie sich, so gut sie noch konnte, aber es ging ihr zunehmend schlechter.

So ging es doch nicht mehr weiter. Große Hilflosigkeit machte sich breit. Anna verhielt sich so merkwürdig. Oft zitterte sie, hatte keine Lust zu essen und dann diese absurde Angst das Haus zu verlassen, Bedenken, einkaufen zu gehen. Weder in der Schlange an einer Kasse noch zwischen Menschen auf dem Wochenmarkt konnte Anna sein. Es machte diese komische Angst, das war doch nicht normal. Zur Hilflosigkeit kam bei Annas Mann nun immer deutlicher genervte Ungeduld hinzu. Sie war doch gesund, was sollte das also? Und obendrein, wenn er sie auf ihr seltsames Verhalten hinwies schien es Anna den Rest des Tages noch schlechter zu gehen. Jetzt sprach sie kaum noch. Da beschloss ihr Mann gemeinsam mit ihren Eltern Anna in die Psychiatrie einzuweisen. Auch Anna wusste sich keinen Rat und stimmte voller Angst und Verzweiflung zu.

In der Nacht vor der Einweisung schlief sie gar nicht. Eine Weile versuchte sie sich durch den ruhigen Atem des schlafenden Mannes neben ihr etwas zu beruhigen, aber es wurde immer schlimmer in ihr. Da stand sie langsam auf, nahm alle Kraft zusammen und verließ das Haus. Sie lief einfach, lief... Regnete es? War es kalt? War es warm? Gab es einen Mond? War der Himmel sternenklar? Anna lief nur, lief, als könne sie der Zeit entrinnen.
Irgendwann, die Nacht ging auf den Morgen zu, erreichte Anna den See am Rande der Stadt. Ohne zu zögern lief sie auf den Bootssteg hinaus. Die Holzbalken knarrten leise unter ihrem Schritt. Kleine Wasserwellen plätscherten ans Wiesenufer. Schwäne und Enten schliefen noch, die Köpfe verborgen im Gefieder. Anna stand am Steg Ende und blickte in den schwarzen See. Er war sicher kalt und sicher auch so tief, dass man in ihm nicht mehr stehen konnte. Der Wind blies zarte Wellen über den See, Anna wankte. Sie holte tief Luft und... setzte sich auf den Steg Rand.
Jetzt in diesem Augenblick nahm sie sich das erste Mal seit langem wieder wahr. Es war so herrlich ruhig hier, so friedlich, so ohne alle Forderungen, so einfach, so zeitlos gut.
Ein leises Plätschern, ein weicher Wind, die ersten zaghaften Gesänge eines frühen Vogels und ein etwas müder Vollmond, der sich im Wasser spiegelte. Bald würde er hinter dem Horizont schlafen gehen. Anna schaute aufs Wasser und beobachtete wie der Mond auf den kleinen Wellen tanzte. Sie lächelte. Ihr erstes Lächeln seit...? Sie wusste es nicht, aber es tat gut. Es tat so gut hier zu sein. In Anna breitete sich warmer, stiller Frieden aus. Es wurde weich in ihr und zum ersten Mal seit langem konnte Anna sich spüren. Fühlen, dass es einfach gut war hier zu sein.

Nach einer Weile geborgenen Friedens vernahm Anna eine schöne weibliche Stimme

«*Anna, schau Dein Spiegelbild im Wasser. Siehst Du dich?*»

Anna beugte sich vorsichtig vor und sah ihr Gesicht sich auf dem Wasser im Mondlicht spiegeln.

«Ich bin es, Deine Seele! Ach Anna, ich bin so unendlich froh, dass Du doch noch zu uns gefunden hast. Wie oft habe ich gerufen, gewarnt, gehofft, Du hörst mich. Am Ende musste ich leider heftig an Dir rütteln. So konnte es doch mit uns nicht weitergehen. Wunderschöne Anna, Du hattest nicht die Kraft uns zu verteidigen. Es tat so weh, wenn dein Kindheitsglanz immer wieder beschmutzt wurde. Du hast es gefühlt, konntest es aber nicht denken, wie auch. Ach Anna, ich bin so unendlich froh, dass Du dich entdeckt hast. DICH, die wichtige, wertvolle Anna.
Bitte lass Dich ab heute zu. Ich werde Dir helfen zu lernen, was Du brauchst um glücklich zu sein. Ich werde Dir beistehen, wenn Du übst, Dich zu achten und den Mut wachsen lässt, von anderen Respekt vor Dir zu erwarten. Ach Anna, ich bin so unendlich froh! Wir haben es geschafft und sind endlich wieder beieinander. Ab heute fängt DEIN Leben an. Du hast sehr viel gelitten, ausgehalten, in Demut ertragen. Du hast hohe Qualität lieben zu können. Liebe Dich, liebe die Menschen. Aber bitte achte darauf, dass andere auch Dich respektieren und gut behandeln.
Weil, wir beiden haben genug gelitten. Bitte nimm Deinen Platz in dieser Welt jetzt ein. Er war bisher fremd besetzt. Aber es ist Dein Platz. Nur für Dich eingerichtet. Breite Dich aus und sei zu Hause in Deinem Leben. Fülle Deine Zeit mit der wertvollen Anna-Person. Der Himmel freut sich dann von Herzen mit mir, Deiner Seele. Anna, lass Dich zu. Du bist so wertvoll und genau richtig.»

Die leise Stimme war nun still. Anna blickte auf und sah den Mond am Horizont versinken. Im Osten des Sees ging die wunderschönste, in warmem orange gefärbte Sonne auf, die Anna jemals gesehen hat. Ringsum in den Bäumen erwachte eine große Vogelschar mit wunderbarem Gesang. Anna sog den neuen Tag mit tiefen Atemzügen dankbar ein. Sie umarmte den See, sie umarmte die langsam aufgehende Sonne, umarmte sich und den Himmel. Und aufgeladen von der Zuversicht, glücklich sein zu dürfen, stand sie auf und ging IHREM Tag entgegen. Sie wusste, es wird ein längerer Weg sein, aber ab heute wollte Anna leben.

Inzwischen war es 6Uhr morgens, eine kleine Stadt erwachte. Die ersten Autofahrer waren auf dem Weg zur Arbeit. Am Kiosk wurde das Zeitungsschild herausgestellt. Beim Bäcker gab es Frühaufsteher Brötchen, während die Geschäfte still und verschlossen eine eigenartige Stimmung vermittelten. Die Luft war klar und noch recht kühl, Anna fror ein wenig. Wie ein Film zog die frühe Stadt an ihr vorbei.
Diese Nacht am See, so intensiv und ungewöhnlich, so seelentief und nur für sie. Diese Nacht umfing Anna immer noch mit einem seltsamen, unbekannten Gefühl.

Vor einigen Stunden war sie den gleichen Weg umgekehrt gegangen. Verzweifelt, ohne jede Aussicht auf Leben. Und jetzt? Anna ging heim. Es war anders, ganz anders.
Die Verzweiflung war gewichen, leichter fühlte es sich an und freier. Anna fühlte sich benommen, alles wirkte irreal. Ihre Füße schienen den Asphalt beim Laufen kaum zu berühren, fremd und seltsam fühlte sich Anna, aber auch auf sonderbare Weise leichter. Etwas in ihr sagte, dass noch ein langer Weg vor ihr liegen wird, dass sie noch einiges lernen und verändern musste, um die aufgehende Sonne ihrer Seelennacht am See strahlen zu lassen. Anna ahnte, heute ist der erste Tag auf ihrem Weg ins Leben.
Weg ist Prozess und wird eine Weile dauern, das wusste Anna.
Weg ist aber auch Bewegung, Befreiung, Leben, auch das wusste Anna jetzt. Und sie ging heim.
Zu Hause angekommen, war alles ruhig. Ihr Mann schlief. Eine halbe Stunde noch und seine Uhr würde ihn wecken. Anna fror.
Sie kochte sich Tee, zog eine warme Jacke an, setzte sich ans geöffnete Fenster und schaute dem kommenden Tag entgegen. Im Baum vor ihrem Haus zwitscherten viele Vögel ihren Morgengruß.
Warum war ihr das nie aufgefallen? Wie ging es jetzt weiter? Ein zwiespältiges Gefühl beschlich Anna.

Seit dieser Nacht gab es sie. Und nun musste sie handeln um in der Welt ein Zuhause zu finden. Sie wusste jetzt, dass sie Rechte hatte, und sie hoffte leise dieses Gefühl vom See zu einem schönen Anteil ihres Lebens machen zu können. Aber sie ahnte auch, dass alles das nicht leicht zu erreichen sein werden wird.

Anna fühlte sich wie Dornröschen nach hundertjährigem Schlaf. Sie war erwacht! Jetzt galt es sich zu bewegen, laufen zu lernen, sich auszubreiten. Anna atmete tief, trank den heißen Tee. Und immer wieder schweiften ihre Gedanken zurück in die letzte Nacht.

Sie hörte die Stimme, die sie so liebevoll geweckt hatte und nahm sich vor, diesen See zu ihrem Ort zu machen. Hier war ihr Herz erwacht, ihre Seele endlich zu ihr vorgedrungen. Anna schloss das Fenster. Noch war ihr nicht ganz klar wie sie den Weg zu einem erfüllten Leben gehen wird. Aber eines wusste sie gewiss, gleich stand ihr Mann vor ihr und sie würde ihm sagen, dass sie ab heute laufen lernen wird und ihre hilflose Verzweiflung der Erkenntnis leben zu dürfen gewichen ist. Und noch eines wusste Anna ganz sicher, sie wird diesen Weg von Zuhause aus gehen. Niemand musste sie mehr irgendwohin bringen. Sie würde es schaffen, egal, wie lange es dauern mochte.

Annas Mann stand in der Tür. Verwirrt schaute er auf seine Frau. Sie kam ihm an diesem Morgen seltsam fremd vor, anders. Er fragte sie, ob sie fertig sei für die Psychiatrie.

Anna spürte so etwas wie eine kleine Sonne im Bauch und wunderte sich. Ihr Gefühl passte gar nicht zur Frage ihres Mannes, oder doch? Anna dachte, ich muss nicht weggebracht werden. Und sagte es laut.

Ihr Mann war verunsichert, da stimmte etwas nicht mit seiner Frau. Er versuchte sie zu erinnern, wie schlecht es ihr ging und dass sie doch besser... Weiter kam er nicht.

Anna unterbrach ihn und mit den Worten

«Ich habe einfach gut geträumt»,

ging sie in die Küche um Frühstück zu machen. Irritiert folgte Annas Mann. Gestern war man sich doch noch einig und heute Morgen nun das wieder. Er hatte es wirklich nicht leicht mit seiner Frau. Immer neue Maschen und komische Geschichten. In Annas Mann staute sich Unverständnis zu Wut. Er musste ein Machtwort sprechen, um in diese Situation Ordnung zu bringen. Seine Anna war ja offensichtlich zu verwirrt. Also brauchte sie eine klare Ansage. Deshalb forderte er sie auf, zu packen und sich für die Fahrt zurecht zu machen.
Anna stand am Küchentisch, ihren Mann im Rücken. Sie kannte seine erdrückende, ungehaltene Art. Wie oft hatte er sie damit erschreckt, wie oft verängstigt. Auch jetzt fühlte sie sich sofort schwer und kraftlos. Die wunderschöne Seelennacht am See verblasste augenblicklich zu einer vagen Erinnerung. Das immer gleiche Gefühl halt- und hilflos zu sein meldete sich. Und doch, heute war es trotzdem anders. Anna konnte denken, was sie fühlte. Und sie erkannte, dass es nicht in Ordnung war, sich schlecht zu fühlen. Sie ahnte etwas ganz Wesentliches. Sie konnte ihren Mann nicht verändern, aber sich selbst. Sie hatte die Freiheit, besser für sich zu sorgen. Sich mehr zuzulassen und dabei immer wieder zu fragen: Was möchte ich? Was ist gut für mich?
Anna schaute auf den halb gedeckten Tisch, Gedankenfetzen kamen hoch. Eigentlich hatte sie sich, so weit sie zurück denken konnte, fremd bestimmen, unterdrücken lassen. Warum war ihr das nur nie bewusst geworden? Sie hatte nie wirklich über ihre Wünsche nachgedacht, darüber, was sie allein erfreuen könnte. Der Gedanke wichtig und wertvoll zu sein war ihr nahezu fremd. Mein Gott, wie hatte sie nur gelebt!
Zweifel und Bedenken meldeten sich in Anna. Zweifel, ob ihre neuen Gedanken, ihre Erkenntnis nicht doch nur Illusion und Wunschdenken waren. Bedenken, ob, wenn tatsächlich alles Sinn machte, sie es jemals schaffte, Sicherheit und Selbstwert in dieser Welt zu finden. Aber nun war etwas in Bewegung gekommen. Zurück ging es nicht mehr. Irgendwie machte das in Anna ein starkes Gefühl, doch im Moment noch ohne Anker und festen Halt. Alles

schwamm und war so wenig greifbar. Aber die Nacht am See war real und der Beginn von Weg und Wandlung.
Anna fand in diesem Gedanken zu ihrer Sicherheit zurück. Sie atmete tief, drehte sich zu ihrem Mann um, schaute in sein verständnislos blickendes Gesicht und bat ihn, sich keine Sorgen zu machen. Er solle frühstücken und dann in Ruhe wie immer zur Arbeit fahren.
Anna nahm ihre Teetasse und sagte im Rausgehen noch, dass sie in der Morgenluft auf der Terrasse sein mochte und ließ den, das erste Mal wortlosen, Mann zurück.
Draußen überlegte Anna wie sie ihren Weg beginnen könnte. Ein Labyrinth von Gedankenstraßen in ihrem Kopf und im Moment noch keine Karte, die den Weg weist. So fühlte sie sich.
Am Himmel zogen kleine Schäfchenwolken über weiches Blau. Es schien ein warmer Tag zu werden. Anna beruhigte sich ein wenig und für diesen Tag beschloss sie, sich heute mal nur um sich selbst zu kümmern.
Sie spürte, das ist ein guter Start auf dem Weg ins Leben...

-2 Jahre später-

Zwei Jahre ist es nun her, seit Anna in ihrer Vollmond schweren Nacht am See saß. Zwei Jahre in denen viel geschehen ist. Aber diese eine Nacht, in der sie das erste Mal Kontakt mit sich hatte, die wird sie nie mehr vergessen. Und heute hat sie es geschafft. Anna lebt! Es waren absolut keine leichten zwei Jahre. So schön und erlösend diese Nacht damals auch war, so eindeutig sie danach wusste dass sie eine Chance hat, genauso schwierig zeigten sich in der Folge manche Zeiten. Es war ein ständiges Auf und Ab. Hoffnung folgte auf Zweifel, Enttäuschung auf Erfolg, aber auch Freude nach sicherer Erkenntnis. Es wurden Annas wichtigsten Jahre.
Sie begann sich wahrzunehmen, zu achten, liebzuhaben.
Zunehmend besser gelang es ihr gesunde Grenzen zu setzen. Immer seltener war sie noch Funktionsorgan für andere Menschen

und wenn doch mal, dann konnte sie das aber erkennen und reflektieren.
Anna hatte im Laufe der Zeit eine psychologische Beraterin gefunden. Ihr vertraute sie wie einer guten Freundin, denn bei ihr waren jede Besorgnis und alle Gedanken gut aufgehoben. Diese Frau half Anna ihre Persönlichkeit auszubreiten, zu wachsen und langsam aber sicher ein Zuhause in sich und dieser Welt zu finden. So also konnte Leben sein!
Immer zuversichtlicher nahm Anna an diesem, ihrem Leben teil. Es fing an, ihr Freude zu bereiten.
Und im gleichen Maße wie sie übte angstfreier und selbstverständlicher für sich zu sorgen wuchsen ihr Lebensmut, ihre Kräfte und natürlich ein gutes Gefühl, das eigene Leben auch selbst zu verantworten und zu gestalten.
Einbrüche kamen seltener und rissen keine Seelenkrater mehr in ihren Alltag. Es war einfach schön zu begreifen, welche Wirkung eine Ursache macht. Wie Menschen auf das Verhalten des Anderen reagieren. Vor allem wie erlösend es ist, sich niemandem mehr aus Angst zu unterwerfen, mit der Erfahrung, die Resonanz von außen ist gar nicht so gefährlich wie es sich früher immer angefühlt hat. Im Gegenteil. Anna lernte; sorge ich für meine Selbstachtung und Würde, dann tun es die Anderen auch.
So ziemlich zwei Jahre ist es her seit Anna mit einem liebevollen Schutz aus ihrem Inneren losging, in Bewegung kam auf der Suche nach mehr Glück und Frieden für sich.
Und heute weiß Anna dass da noch Weg zu gehen ist. Sie hat verstanden, was es heißt, wenn sie liest *Der Weg ist das Ziel*. In Bewegung kommen, losgehen, etwas für sein Wachstum machen, Fehler und Blockaden erkennen und an der Auflösung arbeiten. Ganz wichtig dabei, niemals aufgeben, auch wenn es Zeiten gibt, die scheinbar keine andere Möglichkeit mehr zulassen wollen.
Anna wird am Ball bleiben, immer wieder etwas weiter kommen und wachsen, weil die Richtung stimmt, hin zu einer runden Persönlichkeit. Der Weg ist das Ziel!

Und wie steht es mit Annas Mann? Die beiden haben sich nicht getrennt. Obwohl, zu Beginn dieser Wachstumszeit fand Annas Mann das, was da geschah, mehr als bedenklich. Für ihn war damals Alles vorstellbar. Angefangen von Sektenbeitritt seiner Frau über Abdriften aus dem Realen hin zu unkontrollierbar verwirrtem Widerstand. Zumal Anna aus irgendeinem Grund sich ihres befremdlichen Verhaltens sehr sicher schien. Es war für Annas Mann beängstigend und entsichernd, weil überhaupt nicht greifbar. Das hatte zur Folge, dass er, unreflektiert wie er zunächst noch war, die alten Register ziehen wollte.

Schuldzuweisungen zum Beispiel, Äußerungen wie: „Du bist komisch geworden, da steckt doch ein anderer Mann dahinter!" sollten Wirkung machen. Schweigen anstatt zu antworten und launisches Bedürfnis nach Egopflege waren Versuche Anna wieder berechenbar unter Kontrolle zu bekommen.

Aber irgendwie, für Annas Mann nicht gut nachvollziehbar, funktionierte das übliche System überhaupt nicht mehr. Anna war wohl noch zu beeindrucken, trotzdem reagierte sie anders als früher. Und immer seltener blieb sie still oder brach ein. Vielmehr war sie immer häufiger einer, für ihn notwendigen Diskussion, gewachsen. Annas Mann war sich sicher, es musste mit den vielen Büchern die seine Frau las und mit dieser Frau, dieser psychologischen Beraterin, zusammenhängen.

Es dauerte einige Zeit ehe er langsam zu verstehen begann, dass Annas Veränderung ihn gar nicht bedrohte. Ihr stärkeres Auftreten ließ ihn eine recht neue Anna kennenlernen. Sie übte eine eigene Meinung zu äußern, trat ihren Ängsten tapfer entgegen und eines Tages brachte sie ihrem Mann zwei Bücher mit heim.

Das eine mit dem Thema Kommunikation in der Partnerschaft und das andere über das Arbeiten mit dem Inneren Kind. Eigentlich nur aus Neugier schaute Annas Mann mal in die Bücher. Und etwas später gelang ihm etwas Wunderbares. Er las mit immer mehr Interesse das, was da geschrieben stand. Es begann ihn zu berühren und das, mit jeder neuen Erkenntnis, immer eindringli-

cher. Oft war das sehr unangenehm. Denn was er dort las und immer mehr verstand machte keinen Helden aus ihm.
Ganz im Gegenteil wurde ihm klar, dass er an seinem Vater litt. Eine unverarbeitete Wut, die bis heute nicht gelöst war. Daraus war eine unschöne Mischung aus Vaterimitation und ständigem Bedürfnis zur eigenen Bestätigung dominieren zu müssen entstanden. Eine ungeheilte Wut auf Vater, unreflektiert fehl projiziert auf die eigene Frau. Wieder und wieder die alten Gefühle von *man tut mir unrecht und man achtet mich nicht* in den verschiedensten Situationen zu erkennen geglaubt und entsprechend aufbrausend reagiert. Hinzu kam ganz schlechter Selbstwert aufgrund der erfahrenen Missachtung in seiner Kindheit.
Das, in Kombination mit jeder Menge Altwut, machte aus Annas Mann einen launischen Fiesling.
Da Anna bis zu ihrem Erwachen keine Rechte für ihre Persönlichkeit leben konnte, war ihr Mann für sie eine autoritäre Macht, der sie nicht zu widersprechen wagte. Nur so, mit Unterdrückung aus eigener Kindheit im Gepäck, konnte überhaupt in Anna dieses schlimme Angstmuster und die große Traurigkeit entstehen.
Heute weiß Anna woher ihre Ängste stammten. Sie hat gut gelernt Ursache und Wirkung, auch im Leben ihres Mannes, richtig einzuordnen. Das allein hat ihr Licht in die leidende Seele gebracht. Ursachenfindung macht ein Leiden greifbar. Und nur das, was wir greifen können, können wir auch verändern. So hat Anna Stück für Stück die Verantwortung für ihr Leben übernommen und damit verbunden, Freude am Hier sein gefunden. Inzwischen liebt sie es, zu handeln anstatt immer nur zu reagieren.
Annas Mann übt nun inzwischen auch mit wachsendem Erfolg ein gescheiter Partner zu sein. Auch er lässt sich, nach etwas Überredungskunst seiner Anna, immer mal wieder coachen. Das sichert auch ihm eine objektivere Reflektion seines Verhaltens. Außerdem geht es bei Wachstum ja noch um viel mehr als Partnerschaft, auch als Individuum in dieser Welt kann es nur förderlich sein persönlichkeitswachsend in Bewegung zu bleiben. Anna ist ihrem Mann sehr dankbar. Es ist ein beglückendes Gefühl, und das

für beide, sich endlich in Respekt auf Augenhöhe zu begegnen. Und immer noch bei Vollmond hat Anna ihr ganz besonderes Date mit ihrer Seelenstimme. Nicht mehr so einzigartig und draußen am See, dafür dankbar mit der Gewissheit:

Ursache macht Wirkung, Wirkung macht Schmerz, Schmerz will erkannt werden, Erkenntnis macht Mut, Mut macht Bewegung, Bewegung macht Veränderung, Veränderung macht frei!
Und was macht die liebe, wunderbare Anna heute? Sie befasst sich neuerdings mit ausgefallenen Heilweisen, aber das ist eine ganz neue Geschichte.

"Anna" ist eine Hommage an alle Frauen und Männer, die sich tapfer durch ihr Leiden hin zu einer bewussten Persönlichkeit gekämpft haben, ohne aufzugeben.

Gedankenperlen

Was sagt uns Annas Geschichte?
Anna, ein ganz lieber, toller Mensch. Wie konnte es geschehen, dass sie sich nie wehrte und sich in ihrer Partnerschaft total unterdrücken ließ? Und es obendrein auch noch irgendwie in Ordnung fand. Immer hatte sie die Rechte anderer vor die eigenen gesetzt. Deshalb konnte sie sich auch nicht abgrenzen, nicht nein sagen.
Anna, voller Liebe für ihre Menschen, ohne jemals erkannt zu haben, dass sie genauso Mensch ist. Das klingt sehr seltsam, ich weiß. Aber Anna war Funktionsorgan für andere, bis sie sich geborgen in der Stille, nichts fordernder Vollmondnacht, entdeckte. Das erste Mal in ihrem Leben vernahm sie das Rufen ihrer Seele.
Alle unangenehmen, angsterfüllten Gefühle zuvor waren nichts anderes als das Rebellieren ihrer Seele, weil Anna sich Tag für Tag verletzte durch Missachtung der eigenen Person.

Sie hatte in ihrer Kindheit gelernt nicht wichtig zu sein. Ihre Mutter zeigte keine Anerkennung und anstatt zu loben gab es in Annas Kindheit immer wieder nur Kritik und Korrektur. Wie sollte sich Anna da ihrer wirklichen Persönlichkeit bewusst werden? Nie hatte sie erfahren ein geliebtes Kind zu sein. So fühlte sie sich falsch und schuldig. Um ihrer selbst geliebt zu werden war Anna nicht vorstellbar, nur für Leistung glaubte sie eventuell gemocht zu werden. Die erwachsene Anna konnte dann nicht erkennen, dass sie immer nochin ihrem Kinderprogramm feststeckte. Das Gewohnheitsmuster hatte sie über viele Jahre wie selbstverständlich begleitet.

Dann war da ihr Mann, er war ganz anders. Auch bei ihm wirkte noch ein altes Muster. In seiner Kindheit erfuhr er zum einen wie sein Vater achtlos mit Mutter umging, zum anderen war sein Vater auch ihm gegenüber launisch und unfair. Daraus entwickelte sich bei Annas Mann unreflektierte Imitation des Vaterverhaltens wenn es um Frauen ging. Noch heute hatte er das Gefühl nicht genügend Beachtung und Respekt zu erhalten. Auch Annas Mann reflektierte als Erwachsener absolut nicht, dass er noch aus seinem Kindheitsprogramm heraus handelte, deshalb war es für ihn äußerst wichtig, Anna zu leiten, sie zu kontrollieren, ihr Leben im Griff zu haben. Es gab ihm das gute Gefühl und die Sicherheit etwas Besonderes zu sein. Wenn Anna stets handelte wie er es für richtig hielt, war sein zweifelhaftes Selbstwertgefühl im Gleichgewicht.

Er brauchte jemanden, der ihn mächtig sein ließ, weil er nicht die Fähigkeit besaß aus sich selbst heraus Würde und Achtung für die eigene Person zu entwickeln.

An unserem Beispiel wird sehr deutlich, welche Auswirkungen es hat, wenn Erfahrungen aus der Kindheit, die sich inzwischen zu Gewohnheitsmustern entwickelt haben, unreflektiert aufeinander stoßen. Solche Partner leben dann beide aus ihrem inneren Programm heraus. Das muss zwangsläufig zu Problemen führen. Wobei zwei Anna Typen im Miteinander recht friedlich leben könnten, da kämen dann die Verletzungen von außen.

Aber egal ob der eigene Charakter dem von Anna ähnelt oder eher dem ihres Mannes, auf jeden Fall braucht das wirkende Kindheitsprogramm, wenn wir uns nicht ganz in unserer Mitte fühlen, dringend Überarbeitung.

Krafttraining für die Seele

Meine Freundin Josie hat es weit gebracht im Leben. Dabei ist es in ihrer Vergangenheit oft leidvoll und anstrengend für sie gewesen. Aber vielleicht ist ja genau das der Grund, warum sie sich jetzt zu einer schönen Persönlichkeit entwickelt hat.

Mit 24 Jahren noch scheu, bedenklich, mit Selbstzweifeln behaftet. Und heute? 30 Jahre später ist sie eine autarke, gestandene Frau. Sie leitet ein städtisches Frauenhaus und kümmert sich dabei rührend um ihre Frauen und Kinder. Zeigt aber genauso Flagge. Wenn es notwendig ist, steht sie wie ein Fels in der Brandung und lässt sich nicht mehr verbiegen.

Neulich haben wir uns auf ein paar Rhabarber Schorlen im Biergarten getroffen. Dabei geredet über Gott und seine Welt und viel gelacht. Irgendwie sind wir auf alte Kindheitserinnerungen gestoßen. Schnell ist dabei einmal mehr klar geworden, Josies Kindheit war alles andere als lustig. Es ist ihre Geschichte und ich möchte sie deshalb hier nicht ausbreiten. Nur so viel zum besseren Verstehen; Demütigungen, Drohungen und Strafen waren damals Josies tägliches, bitteres Brot.
Bei unserem Treffen im Biergarten gesteht Josie mir, wieviel Wut sie immer noch in Schüben auf ihre Mutter hat. Manchmal würde sie sie am liebsten anschreien

«Du hast mir so viel angetan, du alte Hexe.»

Aber ihre Mutter ist fast 80 Jahre alt und Josie empfände so ein Verhalten ihrerseits würdelos.

An diesem gemeinsamen Nachmittag im Biergarten, bei guter Rhabarber Schorle und gemütlicher Umgebung, entsteht in diesem Moment vor meinem inneren Auge eine bunte Geschichte.
Mit dem Gedanken; wir alle suchen uns, die für unser Wachstum, passenden Eltern aus, bildet sich in mir eine Vision.

Ich *sehe* eine Frau, die den dringenden Wunsch hegt, auf einem Hochseil einen Salto frei durch die Luft zu schlagen um anschließend sicher auf dem Seil zu landen.
Eine Wahnsinnsnummer, wenn man es kann. Nur, bis dahin ist ein weiter Weg, der nur mit unerschütterlicher Ausdauer und zähem Üben zum Ziel führen wird.
Das weiß diese Salto begeisterte Frau. So macht sie sich auf, einen guten Trainer für ihr Projekt zu finden.
Ein alter, freundlicher Clown, der ehemalige Saltokönig vom Zirkus Simsalla, scheint ihr der Richtige zu sein.
Der alte Clown willigt ein zu helfen, ihren Traum in die Tat umsetzen zu können.

Nun ist der alte Saltokönig ein liebenswerter, überaus freundlicher Mann. So werden viele Trainingspausen gemacht. Es gibt Tee und Gebäck und der alte Clown erzählt so manche Anekdote aus früheren Zeiten. Man lacht und scherzt und trainiert wird auch immer mal wieder.

Zeit vergeht, die Frau lernt tatsächlich über ein Seil zu laufen. Dabei vermittelt ihr der alte Mann aber immer wieder; sie möge sich nicht zu sehr anstrengen und gut aufpassen, dass sie nicht runter fällt.
Nach einem Jahr sind die beiden gut befreundet, haben viele Geschichten ausgetauscht und sich dabei auch immer wieder mit dem Seillaufen befasst. Vom Salto aber ist die Frau noch weit entfernt.
Nur der Wunsch, es zu schaffen, ist nach wie vor wach in ihr.
Und eines Tages begreift sie, dass für den Weg zum Ziel ein strenger, ehrgeiziger Trainer von Vorteil sein könnte.

Der neue Trainer ist komplett anders gestrickt. Trainingseinheiten, Ausdauersport, Dehnungsübungen und 1000 Wiederholungen gehören bei der Frau ab sofort zum Standard Programm.
Es wird eisern geübt und so manches mal flucht die Frau und möchte aufgeben. Besonders dann, wenn ihr neuer Trainer sie unbarmherzig antreibt und wieder und wieder streng kritisiert.

Ein weiteres Jahr vergeht und siehe da, es kommt tatsächlich der Tag, von dem sie so lange geträumt hat.
Sie schafft ihren ersten tadellosen Salto auf dem Hochseil und kommt danach tatsächlich sicher auf dem Seil zum Stehen. Sogar der ehrgeizige Trainer zeigt Emotion. Er lacht und lobt. Die Frau hat ihr Ziel erreicht. Sie dankt dem unnachgiebigen Trainer für sein konstantes Fordern und Antreiben und verrät ihm, dass sie doch das eine und andere Mal sehr wütend war und ihn anschreien und beschimpfen wollte, es dann aber des Lernens wegen gelassen hat.

Die Frau nimmt sich vor, weiter zu üben, den Trainer aber nur noch selten um Hilfe bitten. Zu ihrem liebenswerten, alten Saltokönig vom Zirkus Simsalla aber hält sie guten Kontakt. Jetzt genießen sie die gemeinsamen Zeiten. Und der alte Mann schaut ihr begeistert zu, wenn sie seine guten Zeiten auf dem Seil aufleben lässt.

Josie holt mich aus meinem Kopfkino raus und fragt, woran ich wohl gerade gedacht habe. Ich sei so abwesend gewesen. So erzähle ich
Josie meine Gedankenbilder. Sie lacht und ist sich auch sicher, an der Geschichte ist was dran. Und bei einem letzten Glas Schorle beschließt sie ihre berechtigte Wut auf Mutter, ganz für sich, ohne Mutter anzugreifen, zu entladen. Wenn alles Aufgestaute aus der Kindheit raus ist, wird Josie versuchen ihrer Mutter zu vergeben. Schließlich war dieser Weg ein schwieriger, anstrengender und doch ein sehr erfolgreicher.
Was Josie in ihrer Kindheit erlebt hat, hat sie leiden lassen, dabei aber zu Erkenntnis und Bewusstheit gebracht. Sie hat mit gutem

Potenzial und aktivem Einsatz an ihrer Persönlichkeit gearbeitet und ist schon weit gekommen.
Der Weg, erfolgreich zum Ziel gegangen, führt meist mitten durch den Dschungel des Lebens.

Josie und ich stellen fest; es ist ein schöner Nachmittag im sonnigen Biergarten gewesen. Wir zahlen und gehen. Mit einem guten Gefühl verabschieden wir uns voneinander und hoffen beide auf ein baldiges Wiedersehen.

Gedankenperlen

Wir lassen vor unserem inneren Auge einen hohen Lebensberg entstehen.
Ganz oben, auf dem Hochplateau lebt die alles umfassende Freiheit. Am Fuße des Berges beobachten wir hingegen seltsame Geschehnisse.
In Sisyphus Manier versuchen die Tal-Menschen, voll behangen mit Ängsten, Hoffnungslosigkeit, schweren Gedanken oder Aggressionen, Wut und Egopflege aus Selbstwertmangel den Lebensberg aufsteigend zu bezwingen.
Aber sie kommen nicht weit.Sisyphus gleich rollen sie ständig mitsamt ihrer Last zurück ins Tal. Dabei prallen unreflektiert gemachte Erfahrungen, geformt zu alltäglicher Lebenslast, auf den Wunsch nach glücklich und frei sein wollen.

So erahnen diese Menschen ihr Ziel, weit oben, auf dem Lebensberg. Zunächst für sie aber noch unsichtbar im Nebel ihrer Unbewusstheit.
Und erst, wenn großes Leiden die Tal-Menschen zwingt, sich wahrzunehmen, sie fesselt und nahezu bewegungsunfähig macht, weil ihre Seele sich unangenehm Gehör verschafft, werden sie vom ewigen Außen nach innen gezogen.

Wer dann genau hinfühlt, Erkenntnisse sammelt, Zusammenhänge entlarvt und innen aufräumt, was lange wie ein Fels blockierend im System saß, der wird in einem guten Prozess seinen Seelenfrieden zum ersten Mal wirklich finden.

Was in den Tal-Menschen lebt ist überwiegend erworben in einer Kindheit, die nicht immer das geben konnte, was dem Kind persönlichkeitsentwickelnd zugestanden hätte.
Wie gut, dass jeder es selbst in der Hand hat, sein inneres Kind zu befreien und zu heilen!

Nicht weil es schwer ist wagen wir es nicht,
sondern weil wir es nicht wagen ist es schwer.

(Lucius Amaeus Seneca)

Wie ich auf diese Welt kam

Es war einer dieser herrlichen Abende an der reich gedeckten Himmelstafel mit Nektar, Vino Tunta, meinem Lieblingswein und köstlichen Trauben in Fülle. Viele fröhliche Seelen labten sich und waren an diesem Abend bester Dinge. Ich auch.
Unten war gerade wieder mal ein Krieg beendet worden und hier oben schüttelten wir einmal mehr den Kopf über diesen unvorstellbaren Unsinn, glücklich, unseren himmlischen Frieden genießen zu können. Froh, hier oben in Ruhe zeitlos nett miteinander zu plaudern. Gottlob, hier war es schön. So konnte es noch ewig weitergehen. Waren diese herrlichen Abende beendet, so ging man im Herzen froh längs dem kristallklaren Fluss durch wunderschöne Blumenwiesen nach Hause. Hier oben lebte jeder genau so wie er es für angenehm hielt. Diese gemütlichen Zusammenkünfte an der reich gedeckten Tafel waren dabei stets ein besonderes Event.
So saßen wir auch an diesem Abend wieder mit viel Spaß beieinander. Ich hatte gerade ein weiteres Gläschen köstlichen Lieblingsweines gelehrt und mit meinem Sitznachbarn engagiert über den Vorteil himmlischer Harmonie gegenüber irdischer Verrohung diskutiert, da kam der liebe Petrus in den Saal und rief *Wer möchte…*
Ich hörte *Vino Tunta* und dachte: *Oh, mein Lieblingswein!*
Mein leicht geschwächtes Gehör ließ mich zu dieser Erkenntnis kommen. Begeistert meldete ich
Hier, ich!
Im gleichen Moment sah ich Entsetzten in der Mimik meines Sitznachbarn

«Du Esel!» zischte er «nicht Vino Tunta sondern… wieder runter. Wer möchte wieder runter!»
Dann verließ mich mein Bewusstsein.

Ich glaube es war der nächste Morgen als ich mit einem riesigen, dicken Kopf erwachte. Ich nahm mir vor weniger Vino Tunta dafür mehr... weiter kam ich komischerweise nicht. Mein Gesamtzustand fühlte sich erstaunlich desolat an. Ich kam mir so mickrig und klein vor. Das größte war mein dicker Kopf.
Langsam aber leider sicher wurde mir klar, hier war ein großes Missgeschick passiert. Jetzt nahm ich auch diese schrecklich lauten und hektischen Menschen um mich herum wahr. Kunstlicht! Alles war so was von ungemütlich und kalt. Himmlische Harmonie ade! Willkommen auf der Erde!

Da war ich nun mit der vagen Erinnerung an wunderschöne himmlische Zeiten wieder unten gelandet. Einen Moment lang überlegte ich, dass es wohl das Beste sei gleich wieder nach oben zu gehen.
Sofort wurden diese fürchterlich hektischen Menschen um mich herum noch lauter und unerträglicher. Ich dachte, dass, wenn ich heftig gegenan schreie, alle mächtig Respekt vor mir kriegen. Weit gefehlt.
Man behandelte mich weiter wie einen gut abgehangenen Schinken, legte mich auf eine Waage, packte mich ein und wahrscheinlich, weil mit einem Schinken auch keiner spricht, beachtete mich zunächst niemand wirklich. Völlig frustriert schlief ich ein.

Was soll ich sagen. Viele Jahre sind seitdem vergangen. Ich habe nichts ausgelassen was Schmerz und Anstrengung bedeutet und das Leben schwieriger gestaltet.
Inzwischen habe ich mich daran gewöhnt hier unten zu sein und beobachte neuerdings einen eigenwilligen Vorgang. Je älter ich werde, umso deutlicher kommt die Erinnerung an himmlische Zeiten zurück. Und wenn ich nun heute zurückblicke und mein Leben betrachte, dann ist mir auch klar, warum es so viele Herausforderungen und Lernaufgaben auf dem langen Lebensweg gab.

Bevor man auf dem Arbeitsplaneten Erde einmal mehr neu inkarniert checkt jeder vorher ordnungsgemäß an der Himmelspforte aus.
Es werden Formulare ausgefüllt in denen man festlegt, welche Mutter, welchen Vater man als Erdenbegleiter haben möchte. Auf einem besonderen Lebenslauf Erfassungsplan wird außerdem angekreuzt welche Lernaufgaben unbedingt mit ins Programm kommen sollen.
Wegen der fürstlichen momentanen Situation in himmlischen Gefilden traut man sich leider eine Menge an irdischen Herausforderungen und Wachstumskicks zu. Entsprechend eifrig wird im L.e.p. (Lebenslauf Erfassungsplan) wild angekreuzt.
Und nun ich, damals in Hochform, an der himmlischen Tafel. Vino Tunta in freundlicher Menge, nicht mehr ganz bei Sinnen und obendrein noch schwerhörig . Das musste schiefgehen!
Heute weiß ich, dieses vollgestopfte Lebensprogramm konnte ich nur besoffen ausgesucht haben.
Aber einen ganz großen Trostgedanken hat das Ganze doch. Wenn ich irgendwann oben an der Pforte wieder einchecke und meine Liste zur Lebenslaufkontrolle vorlege, dann kriege ich jede Menge abgehakt. Das hat was! Dann gibt es auch wieder meinen geliebten Vino Tunta.

Also lasst uns unser Leben annehmen, erkennen, dass es Sinn macht. Lasst uns an unserer Entwicklung arbeiten und die schönen Momente wahrnehmen und leben.

Gedankenperlen

Bevor ich mit Sterbenden zu arbeiten begann, glaubte ich nicht an ein Leben nach dem Tod. Jetzt glaube ich an ein Leben nach dem Tod, ohne den Schatten eines Zweifels.

(Elisabeth Kübler – Ross / 1926-2004)

Alle Wesen existieren nur vorübergehend. Vor der Geburt sind sie unmanifestiert. Bei der Geburt nehmen sie dann eine manifeste Form an. Und bei ihrem Ende werden sie wieder unmanifestiert. Was an alledem sollte einen bekümmern? Das bekümmert sein über Vorübergehendes erschöpft nur deine Energie und hält dein spirituelles Wachstum auf.

(Bhagavadgita)

Optimisten lügen nicht

Die meisten Menschen haben Verwandte, so auch ich. Meine heißen zum Beispiel Tante Christa und Onkel Helmut.
Tante Christa hat keine Krankheiten, keine Geldsorgen, keine Kinder. Tante Christa hat Rente. Onkel Helmut auch.
Das führt dazu, dass die beiden ständig auf Reise sind und genauso regelmäßig anschließend zur Berichterstattung vorbeikommen.
Heute ist wieder so ein Sonntagnachmittag. Während Onkel Helmut noch nach einem ordentlichen Parkplatz für sein etwas großes Auto sucht, schellt Tante Christa schon mal Sturm an unserer Haustür. Unter *Ist das wieder usselig draußen!* legt Tante den Mantel ab und stürzt ins Wohnzimmer.
Bei Tante Christa braucht man sich erst gar nicht kommunikativ in Bewegung zu setzen, weil, sie spricht eigentlich die gesamte Anwesenheitszeit und wir atmen derweil für sie.

«Hab euch von Teneriffa Souvenirs mitgebracht. Hier ein kleiner Leuchtturm und ein Schüttelglas mit Teneriffa drauf.»

Muss man nicht haben, haben wir jetzt aber.

«War das ein Flug, so viele Blagen und alle am quäken und rumrennen. Die gehören an die Nordsee. Da können sie sich meinetwegen austoben, aber ein Flugzeug ist doch kein Abenteuerspielplatz.Wisst ihr eigentlich wie unangenehm Wind auf Teneriffa sein kann? Man war gerade mal aus dem Hotel und wusch, war die frische Frisur schon völlig im Eimer. Diese blöden Steine und Muscheln überall im Sand sind da auch sowas von fies. Barfuß laufen kannste knicken. Das Essen war ganz gut aber viel zu viel. Helmut wollte immer abends draußen auf der Seeterrasse essen. Ich hab ihm gesagt, kannst du machen, ich bleib drinnen sitzen. Dieser

Wind und richtig schattig, da holt man sich im Urlaub nachher noch nen dicken Hals. Da kann ich drauf...»

In diesem Moment rattert Tantes Handy. Es ist wie das Pausenklingeln nach der Mathestunde. Und mit

«Ach, Erika, jaja, sind heil zurück. Sind bei den Kindern, die wollen doch immer wissen, wie unser Urlaub war. Der Flug? Viel zu viele Blagen dabei. Und windig war's, sag ich dir. Wir mussten...» verlässt Tante das Zimmer Richtung Küche.

Inzwischen hat mein Gefährte Onkel Helmut ins Haus gelassen. Er begrüßt mich auf gönnerhafte Onkel Art, fragt wie es so ausschaut bei uns und platziert sich fröhlich erzählend mit bereitgestelltem Schokokuchen und Kaffee auf dem Sofa.

«Kinders, Teneriffa ist so schön! Ihr müsstet glatt mal mitkommen.»

Onkel Helmut ist bester Dinge

«Ich liebe diesen leichten Wind am Meer. Da merkst du, dass du noch lebst. Dann die Brandung, so kriege ich meinen Kopf immer frei bevor mein Weib ihn mir wieder dichtquasselt.»

Onkel Helmut deutet grinsend, Kopf drehend, Richtung Küche. Dann erzählt er noch vom Leihauto mit dem sie die Insel erkundet haben, vom herrlichen Sonnenuntergang in der großartigen kleinen Bucht, 2 km vom Hotel entfernt. Überall toller Sandstrand und so viel Ruhe, wenn Christa sich sonnte oder zur Abwechslung mal ihren *Dr. Brauer rettet das Alpendorf* Roman gelesen hat.

«Ach, ich danke Gott, dass wir noch so ordentlich beieinander sind und solche Reisen machen können. Mensch, uns geht's ja gut!» kann Onkel Helmut noch eben dankbar äußern, bevor Tante mit ...

«Ich hab gerade schon zu Erika gesagt, so Zimmermädchen im Hotel klauen mit Sicherheit, wenn was rumliegt»

wieder ins Wohnzimmer gestürzt kam.

«Hier war es ja auch so stürmisch als wir weg waren, sagt Erika, sogar mit Sturmböen. Lass es dazu noch regnen, da knickt dein Schirm um und ist kaputt. Dann kriege ich richtig miese Laune. Der Helmut versteht das nicht, der meint immer, alles halb so schlimm.»

«Oder der ist einfach Optimist»

wirft Onkel ein, stolz dazwischen gekommen zu sein

«Ich fand es auf jeden Fall richtig schön im Urlaub. Schickes Hotel, gute Luft, viel Meer, viel lecker Essen und abgestürzt sind wir ja auch nicht»

posaunt er noch hinterher.

Während ich lausche, bilden sich vor meinem inneren Auge zwei Teneriffas. Auf der einen Insel gibt es kleine, romantische Buchten, gutes Essen, viel Natur und wunderbare Erholungsmöglichkeiten. Auf der 2. Insel kämpft eine Tante Christa einen heroischen Kampf gegen böse Winde, nahezu unbegehbare Strände, Massen von Speisen und klauende Zimmermädchen.
Ich weiß jetzt; es gibt nicht nur zwei Teneriffas. Nein, es sind zwei unterschiedliche Welten in denen Tante und Onkel leben und das in einem Haushalt. Jeder ahnt, in welcher Welt es sich leichter lebt. Arme Tante Christa. Und bei

«Das lass ich mir nicht bieten!»
was auch immer sie meint, steige ich wieder ein.

«Du mit deiner rosa Brille, bei dir ist alles schön und wenn nicht, hast du einen Grund und es geht ja auch wieder vorbei. Nicht mit mir. Mich verarscht keiner» plärrt Tante gerade.

«Och, ich glaube an meine Mitmenschen, die meisten sind nett und hilfsbereit und mögen einen doch» erwidert Onkel ganz ruhig.

Für seine Antwort drücke ich Onkel in Gedanken. Wir lachen beide und wissen, er hat Recht.

Was kommen soll in diesem Leben, das können wir nicht verhindern, aber hoffnungsvoll damit umgehen. Und die guten und einigermaßen guten Zeiten sollten wir dankbar bewusst leben, anstatt ihnen dann nachzujammern, wenn mal tatsächlich eine Zeitlang Leben schwieriger ist.

Vielleicht leben Optimisten mutiger, auf jeden Fall besser und... Optimisten lügen nicht!

Gedankenperlen

Selbstreflektion, Detektiv in eigener Sache, wie selten ist diese bewusste Selbstwahrnehmung in unserem Alltag integriert. Vielmehr läuft noch ganz Vieles in unserem Leben auf Autopilot. Ein unbewusstes Agieren im Wiederholungsmodus fest installierter Programme.
So macht es Sinn, mal genauer hinzusehen, denn niemand von uns möchte eine 'Tante Christa' aus der Geschichte sein.

Damit wir leichter zur Selbstreflektion finden, gehen wir idealerweise zur Überprüfung unseres Verhaltens auf Distanz zur eigenen Person. So gelingt eine neutralere Betrachtungsweise besser.

Wir beobachten uns einmal in einer Situation unseres Alltags:

Ich beobachte mich.
Mein Körpergefühl; sitze oder stehe ich entspannt?
Bin ich offen für mein Gegenüber, eine Gruppe, eine Situation?
Wie fühlt sich gerade an, zu kommunizieren?
Meine Körperhaltung; offen oder mit verschränkten Armen? Mein Gestikulieren, ist es Temperament oder angespannte Unruhe?
Kann ich meinen Gesichtsausdruck einschätzen? Mein Blick ruht auf dem Gegenüber oder flieht der Blick unruhig weg?
Wie reagiert mein Gegenüber auf mich?
Fühle ich mich den meisten Situationen gewachsen, fühlt es sich innen sicher an oder bemerke ich Unsicherheiten?
Rede ich in einer Gruppe die Anderen 'platt' oder andersherum, schweige ich und bin nahezu unsichtbar?
Will ich in Situationen mit Anderen unbedingt Beachtung und Wertschätzung zu meiner Absicherung haben?
Lache ich verkrampft, aus Unsicherheit zu viel?
Greife ich im Gespräch an, muss unbedingt Recht haben, weiß, aus Mangel an gesunden Selbstwert, stets alles 'besser'?
Wir könnten noch viele Beispiele aufführen, aber ich denke, das Konzept der Selbstreflektion ist schon ganz deutlich.

Wir können es uns zu Eigen machen, uns, zunächst immer wieder regelmäßig, von der eigenen Person zu dissoziieren, um eine neutralere und bewusste Wahrnehmung unserer Selbst zu erhalten.
So werden wir uns tatsächlich besser kennenlernen und dementsprechend einen wichtigen Aspekt auf dem Weg zur authentischen Persönlichkeit verfolgen.

Stille und Frau Luna

Kennst du das auch? Eigentlich ist es zu kalt um draußen zu sitzen. Ende Oktober, fast 23.00 Uhr und 11 Grad. Aber ein Vollmond lockt mit sternenklarem Himmel. In solchen Momenten ziehe ich gerne eine warme Jacke an, nehme meinen Tee, der leider viel zu schnell kalt wird, werde mal einen Thermobecher kaufen, und setze mich in den Hof mit Blick aufs Feld.

Still ist es hier. Am Baum neben dem Hof rauschen die letzten Herbstblätter im sachten Wind.
So sitze ich auf dem Sommergartenstuhl. Noch wärmt die Teetasse die etwas kalten Hände. Langsam wird es auch in mir stiller. Gedanken werden weicher, weniger dringend und fordernd.
Mein Blick geht nach oben. Der Sternenhimmel gibt die Unendlichkeit des Universums frei. Unermesslich weit und ewig. Rätselhaft und vielleicht ohne jedes Bedürfnis nach einer Menschheit.

Da sitze ich wie ein Haferkorn vor dieser ungreifbaren Größe irgendwo in einem Hof und staune wie ein Kind.
Im Angesicht der Unendlichkeit dieses unbegrenzten Alls fliegen meine Gedanken rauf zu den Lichtpunkten, die in dieser Nacht gut sichtbar einmal mehr deutlich machen, wie überschaubar klein der Mensch und selbst seine Wohnstätte, die Erde, doch ist.
Unsere Astronomen sprechen von Lichtjahren und diskutieren ob es vielleicht da draußen bewohnbare Planeten mit Menschenähnlichen Wesen geben möge. Und mit welchen Flugkörpern, unbekannten Flugobjekten, sie hierher finden könnten. Und falls das gelänge, wie diese Wesen es dann schafften, starteten sie doch wahrscheinlich Lichtjahre von uns entfernt.

Ich trinke meinen, fast kalten, Tee, lasse meine Augen weiter von einem Stern zum nächsten wandern und meinen Gedanken weiter freien Lauf.
Warum sollten Wesen, da draußen, wo auch immer, genauso begrenzt sein wie wir? Warum sollten sie überhaupt Flugobjekte brauchen? Sicherlich, es mag Lebewesen geben, die wie wir Raketen oder fliegende Metallkisten brauchen um sich fortzubewegen. Und vielleicht fliegen ihre Metallkisten deutlich schneller und weiter als die Raketen der Haferkörner, sorry, Menschen.
Aber, es kann doch auch Lebendiges geben, das weder Rakete noch Ufos braucht, das gar keine Raum- und Zeitbegrenzungen mehr hat. Wesen, die keine Strecke fliegen müssen um irgendwo anzukommen. Sondern je nach Wunsch und Gedanke hier und überall im Universum sein können, so wie sie wollen.

Als im Dezember 2012 ein nächster Abschnitt des Mayakalenders endete, glaubten Viele an das Eintreffen außerirdischer Wesen. So bauten Fernsehsender Kameras auf. Man suchte mit Fernrohren den Himmel ab, in der Hoffnung, Außergewöhnliches zu entdecken.
Damals habe ich mir morgens das Spektakel im TV angesehen. Ich habe mir dabei vorgestellt; während die Menschen erwartungsvoll Ausschau halten nach Außerirdischen mit Ufo, Landung und silbernem Raumanzug, machen Wesen aus einer höheren Dimension bereits ihren Freudentanz quer durch die wartende Menschenmenge.
Während der dreidimensionale Mensch, schwer wie er ist, noch über eventuelle Angriffe nachgrübelt, sind diese weit überlegenen Wesen längst mit dem Licht verbunden und somit friedlich in einer, uns leider noch fremden, Form.

Meine Tasse ist leer und kalt. Ich mag aber noch etwas wohlig denken und hole mir frischen, heißen Tee nach draußen.

Es ist still, gerade ist alle gut und nichts muss gelöst und bewegt werden. Oh doch, der Mond hat sich bewegt. Der runde Strahlevollmond ist ein Stück nach rechts gewandert.
Hallo Mond! Ich bin ein Haferkorn und du? Was bist du im Rahmen der Unendlichkeit? Eigentlich heißt es ja DIE Mond. Nur wir haben es andersherum formuliert. Frau Luna, die Mondin.
Von Frau zu Frau, was siehst du von dort oben? Immerhin bist du recht nachvollziehbar nahe an der Erde.
Manchmal habe ich das Gefühl, du kannst sehen und etwas senden, fühlen und trösten.Und heute strahlst du besonders schön! Obendrein hast du dich mit einem feierlichen Lichtkranz geschmückt.
Wenn du runter schaust und dabei so strahlst, dann vielleicht weil du Mütter siehst, die sich liebevoll um ihre Kinder kümmern, obwohl sie nicht viel Geld haben und alleine klarkommen müssen. Oder du strahlst, weil du Menschen siehst, die einander Mut machen, für Andere da sind oder sich Gedanken machen um das Wohlergehen von Mutter Erde.

Ach Mondin, du Liebe, wir Menschen haben noch ein gutes Stück Weg vor uns, bis wir da angekommen sind, wo lichtvoller Frieden das Ego aller in liebende Herzen verwandelt hat.
Der Weg ist bekanntlich das Ziel. Und in Bewegung kommen immer mehr Menschen. Mag der Zeitgeist eine gute Richtung wiesen, dann wird's noch was mit unserer Erde.

Es ist Mitternacht vorbei und jetzt merke ich auch, wie die nasskalte Luft in die Kleidung zieht. Die Tasse ist wieder leer, die Füße sind inzwischen kalt, das Herz warm.
War schön mit dir, Strahlemondin! Mit euch auch, ihr Millionen Sterne, wo immer ihr seid. Ich geh nun schlafen. Klein wie ein Haferkorn habe ich mich heute hier unter eurem Dach groß, sicher und der Wahrheit sehr nahe gefühlt.
Alles ist gut!

Gedankenperlen

Ein ganz neues, wichtiges Zeitfenster, so noch nie dagewesen, hat sich hier auf der Erde geöffnet. Wir spüren alle, da tut sich was. Es bedeutet Veränderung, hin, zu mehr Licht und Bewusstsein. Aber noch leben wir in großer Unruhe, die sich bis ins Chaos steigern kann. Gefühl und Lebensalltag scheint zuweilen sehr verwirbelt, sodass so mancher dabei den Boden vorübergehend unter den Füßen verliert.

Es ist die Zeit der Aufstiegsmöglichkeit aller, mit dem Auftrag, sich in Eigenverantwortung und kollektivem Bewusstsein für diese Welt, weiterzuentwickeln.

Die Eigenfrequenz der Erde steigt deutlich, wir sprechen vom Aufbruch in die 5. Dimension. Noch sind Viele unter uns dreidimensional ausgerichtet. Wesen aus Körper-, Geist- und Seelenwahrnehmung, aber spirituelle Aspekte wirken noch im Unbewussten.

Der Aufstieg in eine höhere Dimension setzt Klärung und Stärkung des menschlichen Systems aus physischem, emotionalem, mentalem und spirituellem Körper voraus. Umso kraftvoller wir an unserer Entwicklung, mit Erfahrungen, Prüfungen wie Leiden und der Bereitschaft in Liebe uns und der Welt zu begegnen, arbeiten, desto mehr Licht wird in unserem System wirken.

Licht, das wir brauchen, um absehbar der aufsteigenden Frequenz der Erde entsprechend angepasst zu sein.

Starke Herzenergie, nicht zu verwechseln mit dem organischen Herzen, wird die Kraft des Egos schmälern. Eine wichtige Voraussetzung, den Aufstiegsprozess zu meistern!

Der kleine Vogel

Es war einmal ein kleiner, blauer Vogel, der sang und jubilierte den ganzen Tag.
Er liebte es, vom Winde durch den Himmel getragen zu werden.
Und wenn er über den Wolken stundenlang segelte wie das Schiffchen auf dem Meer, war seine Freude größer als die ganze Welt und seine Sorgen kleiner als ein Haferkorn.
Die Sonne war dann seine gute Freundin, die ihm Herz und Gefieder wärmte.
Dieser kleine, blaue Vogel fühlte sich tief verbunden mit ein paar anderen bunten Vögeln. Er nannte sie seine Seelenlichter. Sie trafen sich oft und voller Vorfreude in ihrer alten Eiche am Rande der Blumenwiese. Und wenn sie so zusammen hockten, dann ging die Sonne unter und der Mond auf, und der Mond ging mit den Sternen wieder schlafen und die Sonne tauchte am Wiesenrand auf... und alles schien nur 5 Minuten gedauert zu haben.
Denn ihre Gespräche waren wie Lieder, fröhliche und traurige Melodien. Ihr Zusammensein war wie ein Zitronenfalter im Frühlingswind. Aus ihren vollen Herzen lachten sie oft mit-, aber niemals übereinander, denn Humor war für sie die lebensfrohe Seite der Wahrheit.
Sie waren kleine, bunte Vögel und ihre Seelen glichen sich so sehr! Und schmerzte eine Seele, so spendeten die anderen Trost. In diesem Moment verwandelten sich die Freunde zu einem einzigen großen Vogel. Doch außer ihnen selbst, konnten dieses nur wenige andere erkennen, denn so viele schauten nur mit den Augen.
War die Zeit des Zusammenseins vorbei und alle flogen über die Wiese davon, spürten sie noch eine ganze Weile den scharfen Schmerz der Seelentrennung im Bauch. Bis über den Wolken der Wind wieder die Erinnerung an Freiheit ins Gefieder wehte.

Eines Tages landete der kleine, bunte Vogel auf der Fensterbank eines weißen Hauses mit roten Blendläden. Das Fenster war weit geöffnet. Vorsichtig lugte der kleine Vogel ins Zimmer. In der Mitte stand ein Tisch, mit vier Stühlen ordentlich umrahmt. An der Wand ein Schrank mit Türen und ein kleiner Tisch mit sauberer, weißer Decke. An der anderen Wand der Straßenplan der Stadt neben einer eckigen, weißen Uhr, sehr pünktlich.
Ein Mensch betrat das Zimmer und kam zum Fenster. Er sprach den kleinen Vogel freundlich an und lud ihn zu sich ins Zimmer ein. Der kleine, blaue Vogel freute sich sehr. Aufgeregt flatterte er ins Zimmer und landete auf dem Tisch. Der freundliche Mensch nahm das weiße Deckchen und bat den kleinen Vogel darauf Platz zu nehmen. Wie vornehm und extra für mich, dachte der Vogel und freute sich noch mehr. Der freundliche Mensch setzte sich an den Tisch

«Wie schön» sagte er, «dass du hier her gekommen bist! Weißt Du, ich bin oft allein. Wir sollten Freunde werden! Und da habe ich eine recht gute Idee, du kannst hier bei mir wohnen und dann sollst du all das bekommen, was gut für dich ist!»

Der kleine, blaue Vogel fühlte sich sehr geehrt und dachte: Heute ist mein Glückstag .Den kurzen heftigen Stich in seiner Brust beachtete er dabei nicht. Er würde ab jetzt edel und gut behütet wohnen und so freundlich und weiß

«Ich muss sofort meinen Freunden von meinem neuen Zuhause berichten»

rief der kleine Vogel fröhlich. Und bevor er zum Fenster hinausflog, gab ihm der freundliche Mensch noch einen Rat mit auf den Weg

«Komm nicht so spät wieder, es wird bald dunkel und du könntest dich verfliegen! Außerdem schließe ich meine roten Blendläden immer genau um 22 Uhr. Bitte denk daran!»
Beim Hinausfliegen dachte der kleine Vogel noch: *Wie besorgt der freundliche Mensch um mich ist. Er meint es gut mit mir, ich werde ihn nicht enttäuschen!*

In der alten Eiche, am Rande der Blumenwiese, saßen schon die Freunde

«Prima, dass du noch gekommen bist. Ist alles in Ordnung?»

riefen sie ihm entgegen «und wie in Ordnung»

schmetterte der kleine, blaue Vogel zurück. Und dann erzählte er aufgeregt von seinem neuen Zuhause. Alle waren mit ihm begeistert, nur ein älterer, gelber Vogel schaute ernst, fast traurig drein. Wahrscheinlich war er nur müde.
Angestiftet durch den kleinen Vogel waren alle heute besonders froh und übermütig. Lachten, neckten sich und hatten sich alle sehr lieb. Mitten im Gesang durchfuhr den kleinen, blauen Vogel ein kurzer, heftiger Stich, er musste ja nach Hause. Und es schien ihm, als wäre er nur einen Flügelschlag lang in der Eiche gewesen

«Ich muss heim» rief er erschreckt

«ich kann doch den freundlichen Menschen nicht enttäuschen!»

Am weißen Häuschen angekommen, sah der kleine Vogel den Menschen schon wartend am Fenster stehen, die Arme zu den Blendläden ausgestreckt

«Ich wollte gerade schließen, da hast du aber Glück gehabt!»

Den Vogel durchfuhr ein kurzer, heftiger Stich, er war wohl zu schnell geflogen. Außerdem hatte er ein schlechtes Gewissen, das nächste Mal wollte er pünktlicher sein.
Im Zimmer brannte künstliches Licht, der freundliche Mensch schloss die Blendläden
«Eigentlich schade!» dachte der Vogel

«draußen ist doch noch das wirkliche Licht und man hört wie die Welt lebt. Hier drinnen ist es jetzt so still...»

Aber dann wurde er sofort abgelenkt, denn der freundliche Mensch stellte einen goldenen Käfig auf den Tisch

«Schau, was ich extra für dich gekauft habe, er hat mich viel Geld gekostet! Du weißt das sicherlich zu achten und freust dich!»

Erwartungsvoll blickte der freundliche Mensch auf den kleinen Vogel. Dieser wollte begeistert sein, jubilieren und singen zum Danke, aber er brachte nichts heraus. Freute er sich etwa nicht? Er verstand sich selbst nicht, war er so undankbar? Der freundliche Mensch meinte es doch gut mit ihm

«Du brauchst nichts zu sagen, ich weiß, dass Du sehr müde sein wirst!»

Mit diesen Worten öffnete der Mensch ein Kläppchen am Käfig und deutete dem Vögelchen hineinzufliegen.
Wie fremdgesteuert folgte es der Aufforderung. Alles war hier drinnen nett zurecht gemacht. Wasser, Körner, Sand und Plastikstangen... Und die Wiese und meine Äste? Fuhr es dem kleinen Vogel durch den Kopf. Aber er wollte nicht undankbar sein, immerhin konnte er zwischen den goldenen Stäben ins Zimmer schauen. Der freundliche Mensch schloss das Kläppchen
«Du hast es ab jetzt richtig gut, alles habe ich für dich richtig schön gemacht! Schlafe nun fein bis morgen früh!»

Vom Öffnen der roten Blendläden erwachte der kleine Vogel. Irgendwie war die Sonne heute Morgen wie von Zauberhand an den Himmel gesprungen. Sonst ging sie immer ganz gemächlich auf. Doch das machte ja nichts. Herrlich frisches Wasser und gesammeltes Korn, das Vöglein musste nur noch speisen. Wie lieb alles bereitet war! Der freundliche Mensch öffnete das Kläppchen

«Jetzt darfst du ein wenig im Zimmer umherfliegen!»

Das Vöglein startete vom goldenen Käfigrand vorbei an Fenster, Schrank, Tür, Uhr, Stadtplan, Fenster, Schrank... und landete auf dem Tisch.
Der freundliche Mensch erzählte von seinem Leben, in dem nicht viel passierte. Er sei zufrieden. Zwar wären die ehemaligen Freunde inzwischen alt oder krank und könnten sich deshalb nicht mehr so um ihn kümmern, aber sein Haus sei sehr praktisch und sauber. Außerdem wäre er gesund, hätte ein Sparbuch. Er interessiere sich für die Börse, und jetzt sei ja auch das Vöglein da um seine Zeit zu teilen. Das kleine, blaue Vöglein spürte einen kurzen, heftigen Stich in seiner Brust. Zeitteilen war doch etwas Wunderschönes?!
Dann erzählte auch das Vöglein von sich. Dass es viele Freunde habe und jeder mit einer anderen Farbe und alle könnten sich gegenseitig zum Lachen bringen und wenn einer weinen müsse, wären alle traurig und dann würden sie nicht eher aufgeben, bis dieser eine wieder Licht im Bauch hätte und dann ginge es allen wieder gut und über grüne Wiesen würden sie reden, über den Himmel, die Liebe, den Schmerz und manchmal wäre das blaue Vöglein wohl auch krank, weil es selbst einen besonderen Schmerz im Herzen spüre und manchmal sei da so viel Wärme und Liebe in seinem Bauch, dass es mit seinen blauen Flügeln die ganze Welt umarmen könne und dann sei es so heil und stark und ein Leuchten wandere von einem Freund zum nächsten und dann liefe die Zeit viel, viel schneller und keiner verstehe, wohin sie so schnell verschwunden sei und dann...

Der freundliche Mensch nickte und griff nach seiner Morgenzeitung. Nun kannte er das kleine, blaue Vöglein wohl besser. Es war für ihn sehr wichtig was in der Welt passierte. Alles stand in seiner Zeitung. Das Vöglein wartete und schaute beim Lesen zu

«Wer ist denn der Chef in eurer, eurer… Sippe?»
fragte der Mensch irgendwann über seine Zeitung hinweg

«Wir brauchen keinen Chef. Jeder weiß selbst, was für ihn das Beste ist!»

Das Vöglein freute sich, dass der freundliche Mensch seine Zeitung beiseite legte und sich ihm zuwandte

«Und wer sorgt dann bei euch für Ordnung und passt auf, dass niemand etwas falsch macht? Oder verscheucht die, die nicht dazu gehören, weil sie meinen, sie müssten so anders sein? Und wer bestimmt eure Farben und sagt euch worüber ihr reden könnt?»

Das kleine Vöglein konnte nicht recht verstehen

«Unsere Ordnung ist wie Blätter im Wind. Deine scheint zu sein wie ein Kette, Perlen ordentlich aufgereiht. So hat jede Seelenlandschaft doch ihre eigene Farbe, ihren eigenen Klang, ihr eigenes Wesen. Wie kann da jemand von außen wissen, was gut und was zu tun ist? Worte, Farben, Wege, schöne Ziele, alles ist innen so vollkommen angelegt. Man muss nur richtig auf die Stimme im Bauch achtgeben und dann braucht es niemanden mehr, der außen richtet, bestimmt und weist! Alles ist so einfach! Und wenn du erstmal fliegen kannst, sind Gedanken- und Tatenrichter so wie das schmerzhafte Stutzen deiner Flügel. Und wenn du erstmal fliegen kannst, magst du selbst kein Richter sein»
Der kleine, blaue Vogel flatterte aufgeregt. Es war ihm wichtig, von seiner Welt etwas mitzuteilen.
Der freundliche Mensch lächelte

«Ich hätte gar nicht gedacht, dass du so ein Philosoph bist! Übrigens, es regnet heute Morgen. Da bleibst du besser hier zu Hause!»

Nachmittags ließ der Regen nach und als der freundliche Mensch das Fenster öffnete, um hinauszusehen, hielt es das Vöglein nicht länger im Zimmer und es flog ins Freie. Ein blauer Ball und ein roter Würfel begleiteten es im Geiste. Das Vöglein fand dieses sehr lustig.
Diesmal flog es besonders hoch und nicht gleich zur alten Eiche. Die Luft war noch feucht vom Regen, der Wind frisch, die Sonne wärmend. Das kleine Vöglein spürte ein ganz feines Kribbeln im Bauch, das bis zu den Flügelspitzen floss. Es wusste, das war der wunderbare Strom der Liebe in dieser Welt. Und auf diesem segelte es hoch oben, nah am Himmel... und sein Körperchen schien sich aufzulösen. So stark war das Gefühl von Frei sein, Schönheit, Kraft und Liebe. Jetzt gab es keine Zeit und keine Grenzen, keine Fragen und kein Ziel. Nichts war wichtig und alles vollkommen.
Und als das Vöglein mit dem Himmel verschmolz zu einem Hauch Ewigkeit, strömte aus seinem Bauch ein feines Licht, das all seine Freunde umarmte und ihnen in diesem Moment Mut und Hoffnung schenkte, gerade dann, wenn ihnen selbst das Fliegen schwer fiel.
An diesem Abend kam der kleine Vogel recht früh zum freundlichen Menschen zurück, ein Zweig mit wunderschönem Blatt als Geschenk im Schnabel. So konnte er dem Menschen etwas von dem lichtvollen Gefühl vermitteln.
Das Vöglein wurde bereits erwartet

«Ah, ein Zweig mit Blatt! Du bist heute sehr pünktlich, wie vernünftig von dir! Warst du wieder bei den seltsamen Freunden in der alten Eiche?»
empfing ihn der freundliche Mensch

«Ich weiß gar nicht, ob sie dir so gut tun! Du siehst sehr müde aus! Ich glaube, ich werde dich hier in den nächsten Tagen mal ordent-

lich pflegen. Ich habe dich schließlich recht gern und will, dass es dir gut geht! Vielleicht solltest du ab jetzt lieber in meiner Obhut hier zu Hause bleiben. Dann sehe ich auch immer, ob alles in Ordnung ist. Ich weiß nämlich, was für dich gut und richtig ist und werde alles tun, damit du dich wohl fühlst. Und du kannst mich unterhalten und mein Leben netter gestalten!»
Das Vöglein wollte denken: Wie lieb und nett dieser freundliche Mensch ist. Aber dazu ward ihm im Moment viel zu übel und so wunderte er sich nur über seine Reaktion, kletterte in seinen goldenen Käfig und wollte plötzlich nur noch schlafen.

«Schau, wie schwach du bist!» sagte der freundliche Mensch

«Jetzt schlaf dich erstmal aus und morgen schauen wir weiter!»

In dieser Nacht hatte der kleine, blaue Vogel einen besonderen Traum:
Er sieht sich auf einer großen Wiese landen. Und mit einem Male sind da um ihn herum lauter kleine Wesen mit grauen Hosen, grauen Jäckchen und erwartungsvollen Augen. Sie alle scheinen schon auf ihn gewartet zu haben. Denn kaum, dass er sie entdeckt hat, kommen sie auf ihn zugesprungen, begrüßen ihn freundlich und beginnen ihn von allen Seiten zu betrachten

«Du hast wunderschöne helle und dunkelblaue Federn!»

sagt einer von ihnen

«Kannst du mir eine Feder schenken?»
Der kleine Vogel träumt, wie er sich freut, diesen Wesen zu gefallen und sich einfach eine Feder ausrupft. Oh, es tut weh! Aber er ist glücklich, etwas von sich schenken zu können.
Das Wesen greift nach der Feder schaut sie an und verschlingt sie. Der kleine Vogel sieht sich erstaunt blicken. Schon geht ihm ein anderes dieser Wesen mit der Hand über das Gefieder

«Wie glänzend und weich dein Kleid ist, schenkst du mir eine Feder?» fragt es.

Er zögert ein wenig und rupft sich dann erneut eine aus. Oh, es tut wieder weh! Aber er will ein guter Vogel sein und andere Wesen glücklich machen.
Nach und nach kommen immer mehr kleine, graue Wesen nah heran, sagen ihm etwas Freundliches und bitten um eine Feder. Der kleine Vogel sieht sich seine Federchen herausreißend und an die Wesen abgebend. Die schauen sie an und verschlingen sie dann gierig. Ihm ist gar nicht mehr wohl und er spürt wie er schwach und traurig wird, friert und sich hässlich und kahl fühlt. Bald hat er kaum noch Federn und müde kauert er auf der Wiese. Jetzt, wo er nichts mehr zu geben hat, lösen sich die kleinen, grauen Wesen einfach auf. So vergeht eine kurze Zeit, doch dieser Augenblick wird dem kleinen, schwachen Vogel zur Ewigkeit.
Doch plötzlich legt sich ein warmes, sanftes Licht über die ganze Wiese. Eine Musik, wie das Plätschern eines klaren Baches erklingt, ein zarter Windhauch streichelt den geschundenen Körper des kleinen Vogels. Und jetzt kann er das Licht, die Musik und den leisen Wind auch tief in sich aufnehmen. Es macht ihn ganz ruhig, tröstet und wärmt ihn. Als er sein Köpfchen ein wenig hochnimmt, kniet neben ihm eine Fee und berührt ihn sanft mit zarten, liebevollen Händen.

«Ich sehe deine Not und Verzweiflung!»

sagt sie mitfühlend
«Deine Seele will gut sein und meint, deshalb sei sie verpflichtet immer zu geben. Alle sollen glücklich sein in diesem Licht. Anzunehmen oder gar, nicht zu geben, bedeutet für dich, schuldig zu werden. So hast du die Kraft deines Wesens total überfordert. Denn da ist etwas ganz Wichtiges, das deine Seele dir jetzt mitteilen möchte. Du kannst es nur noch nicht hören: In dir ist der mächtige Wunsch, geliebt und geachtet zu werden, aber du hast niemals

wirklich Grenzen gesetzt. Bei deinesgleichen ist das kein Problem. Aber nun bist du ein Geber und ziehst somit die an, die gerne nehmen. Sie prüfen, wie weit dein Geben geht und würden freiwillig selten Grenzen einhalten, dafür sind sie viel zu gierig.
Im Moment sehe ich deine Hilflosigkeit und fühle deine Trauer. In deinem Inneren weint ein Kind ein Meer voller Tränen mit der Verzweiflung eines Wesens, das so sehr danach sucht, geachtet zu werden. Lass deine Tränen dich umhüllen, denn sie wärmen deine Seele!»

Der kleine Vogel sieht wie mehr und mehr Tränen sich aus den Augen lösen. Bis ein Strom nicht mehr aufzuhaltender Gefühle sich auf der Wiese um mich herum ergießt. Mit den Tränen rollt die Angst von anderen, wenn sie mir zu nahe kommen, verletzt zu werden, aus mir heraus. Die Not, schuldig zu sein, wenn ich meine Grenzen setze, Widerstand leiste, bahnt sich ihren Weg. Eine Flut unbewältigter Befürchtungen, wenn ich meine Flügel frei zum Fluge ausbreite, bricht sich ihre Bahn.
Und irgendwann ist der Körper völlig ausgeleert. Der kleine Vogel sieht sich in seinem Seelentraum auf der Wiese einschlafen. Die Fee ruht, ihn in Liebe betrachtend, an seiner Seite! Ein friedliches Bild der Wärme und Geborgenheit, gefüllt mit ewigem Lächeln.
Die Zeit ruht für eine Weile...
Doch dann sieht der kleine Vogel in seinem Traum die Fee die Hände zum Himmel heben. Und plötzlich verwandeln sich die Seelentränen, die das schlafende Körperchen umhüllen, in wunderschöne, glänzende, kleine, runde Steine. Sie betten den kleinen Kerl in goldenes Licht voll unendlicher Schönheit und frei strömender Kraft. Und nun beobachtet er wie ihm ganz viele neue Federn wachsen. Sein Federkleid wird viel prächtiger als je zuvor. Das Vöglein sieht sich erwachen. Die Fee streicht leicht über sein Gefieder und da ist wieder dieses warme, strömende Gefühl im Bauch, wie beim freien Flug hoch über den Wolken.

«Ich habe, während du schliefst, mit dem Himmel gesprochen»

sagt sie leise, «und habe eine gute Antwort bekommen. Tief in dir ist das totale Glück zuhause! Denn du kannst Liebe im Bauch spüren und hast den begnadeten Wunsch dieses Licht weiterzugeben und mit anderen zu teilen. Aber deine Persönlichkeit möchte auch Liebe geschenkt bekommen. Für dich haben Harmonie und Leben ohne sperrige Widerstände einen hohen Wert. So warst du bereit dafür einen, nicht ganz richtigen, Weg zu gehen; den Weg eines JA Sagers, ähnlich einem Opfer. Nur bei Wesen, die so sind wie du, hast du dich ganz frei gefühlt. So hast du den anderen niemals genaue Grenzen gesetzt. Aus Angst, dann nicht gemocht zu werden. Aus Angst zu verletzen, denn du wolltest selbst nur Liebe senden. Aus Angst vor Konflikten… und deine Persönlichkeit wurde kleiner und immer hilfloser. All deine Federn hast du dir ausgerupft für die Federfresser dieser Welt. Dein Wesenswächter, die Seele, hat dabei sehr gelitten.

Sie will doch, dass du wächst. So bittet sie dich unter Schmerzen, dir nicht länger selbst weh zu tun. Denn du bist, um glücklich zu sein! Dein Seelenschmerz ist ein Signal des Himmels. Wenn du es verstehst, ist dies die wunderbare Chance Verhalten zu ändern und dein Wesen zu heilen.

Du bist sehr wertvoll, lerne dich selbst lieb zu haben. Höre hinein in die Wünsche deiner Persönlichkeit, setze Grenzen und gebe nur aus Liebe. Habe keine Angst vor Reaktionen anderer Wesen und lasse dich nicht länger zum Opfer machen. Bedenke, die Täter sind irgendwann ihre eigenen Opfer. Denn sie brauchen Aushaltende zur Bestätigung ihres Wertes. Gibt es keine Opfer mehr, sind sie machtlos. Doch du bist frei, denn du brauchst niemanden, der von dir bestimmt wird, nur um dich groß zu fühlen. Du kannst mit dir alleine glücklich sein, glücklich im Fluge über den Wolken, glücklich im Wechsel von Tagen und Jahreszeiten und glücklich, weil du Liebe spüren kannst, spüren und geben.

Mit der Liebe hast du den Sinn dieser Welt in dir. Federfresser können nach deiner Persönlichkeit greifen, aber niemals dein Wesen und die Liebe in dir zerstören! Sie ist ein ewiges Licht, ein leuchtender Ball des Himmels, der von deinem Bauch aus deinen

ganzen Körper durchstrahlt. Du wirst lernen, dass dieses Licht nie ausgeht, selbst wenn du es nicht mehr zu fühlen scheinst, es ist immer in dir. Und bald, wenn Federfresser deine Federn wollen, wirst du dir immer mal wieder welche ausreißen und sie verschenken. Aber jetzt wächst mit jeder abgegebenen Feder eine noch viel schönere, neue nach. So wird durchs Geben dein Kleid ständig strahlender. Du weißt um dein Licht und in dir wächst die heitere Gelassenheit eines sicheren Kindes. Denn man kann dir nichts nehmen, du gibst freiwillig oder du grenzt dich ab und sagst NEIN. Denn du bist frei zu entscheiden und das schafft eine Resonanz mit immer mehr Respekt von außen.
Dieses Licht im Bauch leuchtet den richtigen Weg aus. Ihn zu gehen heißt, innen und außen stimmig zu sein, frei von Schuld, befreit davon Funktionsorgan für andere zu sein, frei! Du bist gut und deshalb tust du gut! Ein sicheres Gefühl wird zuverlässiger Wegbegleiter, heiter und gelassen gehst du dann durch deine Zeit: Geben, verstehen, sich abgrenzen, Fehler machen, sich verzeihen, die Fehler der anderen sehen und verstehen, sich ausbreiten, seinesgleichen suchen und seine Flamme nie wieder in den Orkan eines Gernemächtigen stellen!
Dein Bauch ist auch dein Kopf, denn du kannst denken, was du fühlst, Verstehen mit deinem Herzen! Diese Liebe handelt oft ohne zu tun, sie ist!
Verstehst du nun, warum das totale Glück tief in dir zuhause ist? In den Federfressern ist es nicht anders, nur halten sie sich ängstlich am Außen fest, wie wollen sie da nach innen schauen?!»

Mit diesen Worten enden die leisen, wärmenden Botschaften der Fee.

Ein wunderbarer Traum! Der kleine, blaue Vogel schlief nach diesem Schlaferlebnis seelig bis die Nacht vorbei war. Als er am nächsten Morgen erwachte, war es bereits hell im Zimmer und die Käfigtür stand offen. Der kleine Vogel wusste, dass dieser Morgen der letzte in dem Käfig ist. Und als der freundliche Mensch an den Käfig herantrat, staunte er

«Du siehst so gut erholt aus! Dein Gefieder glänzt so seltsam und wenn ich's nicht besser wüsste, würde ich denken, du seiest gewachsen, aber...»

Weiter kam er nicht, denn der kleine, blaue Vogel hüpfte aus dem Käfig, dem freundlichen Menschen auf die Schulter. Er streichelte ihm mit dem Flügel die Wange und rief

«Und wie ich gewachsen bin... aber dafür wurde ich zuerst kleiner und immer kleiner. Alles passierte von außen nach innen. Oh, es war wie... sich auflösen, wie sterben, es tat so weh! Aber dann geschah etwas Wunderbares. Ich spürte eine neue unbegrenzte Kraft tief in meinem Restsein und alles passierte von innen nach außen, und ich wuchs und wuchs und wuchs... und alles in diesem Zaubertraum heute Nacht.»

Mit diesen Worten flog der kleine Vogel zum geöffneten Fenster. Im Rahmen sitzend rief er

«Ich fliege nun zu meinen Freunden, sie wollen diese Freude mit mir teilen. Und dann suche ich einen besonders schönen Stein und bringe ihn dir! Wenn du den in der kommenden Nacht unter dein Kopfkissen legst, erlebst du vielleicht auch deinen Zaubertraum. Und morgen bist dann auch du gewachsen!»

Glücklich flatterte das Vöglein hinaus.
Am Abend kam es mit einem wunderschönen Stein im Schnabel zum Haus zurück. Es legte ihn, mit einem Kribbeln im Bauch, auf die Fensterbank. Als der freundliche Mensch ans geöffnete Fenster trat, rief es ihm fröhlich zu

«Schau, dein Stein! Halte ihn bei dir heute Nacht! Hab auch du deinen Zaubertraum. Ich schlafe ab heute im Baum vor deinem Haus, den Käfig brauchst du nicht mehr! Wir beide werden vielleicht bald das erste Mal wirklich miteinander reden können. Ich freue mich schon darauf!»

Und mit diesen Worten flog das Vöglein leichten Herzens in den Baum vorm Haus.

Der freundliche Mensch schaute verständnislos hinterher. Noch verstand er nicht...

...noch nicht...

Gedankenperlen

Die folgende Übung ist ein schöner Beitrag zur Heilung des inneren Kindes:
Hole dein Kind, das du damals warst, aus einer unschönen Situation in der Vergangenheit.
Spürst du, dass da noch etwas in dir rumort, das befreit werden möchte!? Vielleicht kommen durch einen situativen Moment alte innere Bilder oder belastende Gefühle hoch in dein Bewusstsein.
Sobald du etwas Zeit für dich hast, lasse die unschöne Situation deiner Kindheit noch einmal vor deinem inneren Auge entstehen. Aber jetzt bist du erwachsen. Du blickst, wie mit einem Fernrohr in die damalige Situation, wo du das leidende, betroffene Kind warst, hinein. Du siehst das unschöne Verhalten des Erwachsenen und du siehst die Angst, die Bedrängnis des kleinen Kindes (du).
In deiner Vorstellung gehst du jetzt, du Erwachsener, in die Situation von damals rein. Du siehst dich, wie du dem damaligen Täter äußerst hart und deutlich klarmachst: mit diesem Kind, so nicht!! Dabei trittst du in deinem Kopfkino sehr stark, bestimmend und absolut gewinnend auf. Dann nimmst du das kleine, leidende Kind

liebevoll aus der Situation heraus. Und in deiner Vision holst du es direkt in den jetzigen Augenblick zu dir in die Gegenwart.
Halte dein Kind, das du mal warst, fest im Arm und versprich ihm: Du wirst nie wieder ausgeliefert sein! Nie wieder hilflos einem Täter gegenüber stehen! Ab heute wirst du beschützt sein! Und ich, der Erwachsene werde darauf achten, dass dir immer gehöriger Respekt zuteil wird. Ich werde darauf achten, dass du niemals mehr im Sturm eines Achtlosen den Boden unter deinen Füßen verlieren wirst. Du bist frei!

Setze deinem Kind von damals eine Krone auf und sei dir gewiss, dass du es heilen kannst!

Der sprechende Blumenkohl

Immer wenn es Frühling wird zieht es mich in meinen Garten. Mit 1000 m² ist dieser recht groß. Etwas wild und ohne Rasenkultur, dafür mit Insektenhotel, Bienenhaus und den unterschiedlichsten Blumen und Schmetterlingssträuchern in großer Zahl. Neuerdings gibt es in meinem Garten auch ein kleines Beet für Salat und Gemüse. Mein ganzer Stolz sind sehr zarte Setzpflänzchen. Vorsichtig und mit viel Liebe kommen Brokkoli, Blumenkohl und Rucola nebst Feldsalat in sauberen Reihen in die Erde.
Meine Pflänzchen werden gehegt und gepflegt. Und alles wächst erstaunlich schnell heran.

Zeit vergeht. Und irgendwann geht es zügig auf den Sommer zu und Blumenkohl und Brokkoli haben, beziehungsweise, einige haben, eine stattliche Größe erreicht. Einige deshalb, weil zwei Blumenkohl Köpfe über Nacht komplett abgefressen sind. Feldhase und Waldmaus haben Mitternachtsmahl gehalten. Aber kollegial wie sie sind, mir genug unberührt erhalten.

Ein Blumenkohl hat einen besonders prächtigen Kopf entwickelt. Begeistert hocke ich davor

«Du bist aber großartig!»

Ich spreche mit meinem Gemüse. Für mich ganz normal, da ich in einem früheren Leben Indianer war und aus jener Zeit mir den freundlichen Umgang mit jeder Art von Natur bewahrt habe. Nur zu persönlich wäre nicht gut, das machte eine Ernte unmöglich. Aber loben geht:

«Herrlich gewachsen bist du!»

«Schön, dass es Menschen wie dich gibt.»

Mein Blumenkohl kann sprechen?? Ich bin nun nicht so erdverhaftet 3 dimensional, habe auch Einiges aus der feinstofflichen Welt des Spirits schon erlebt. Aber ein sprechender Blumenkohl war noch nicht dabei.

«Überhaupt ist es schön gerade hier zu sein! Für alle in diesem Garten ist gut gesorgt, das erfreut mich sehr»

höre ich die Stimme sagen.

Das Ganze scheint mir doch ziemlich abgefahren. Da mich aber in meinem Garten niemand sehen und auch keiner hören kann, denke ich, egal. Vielleicht hat ein Blumenkohl tatsächlich eine Seele und die könnte ich dann ja auch sprechen hören. Dann unterhalte ich mich eben mit meinem Gemüse

«Blumenkohl, du hast Talente, ich bin doch mehr als überrascht. Du kannst dich so mitteilen,dass ich es sogar hören kann.»

«Wie bist du denn drauf? Seit wann kann ein Blumenkohl sprechen?»

Ich stutze und höre weiter

«Hier bin ich, hier neben dem Beet!»

Und jetzt kann ich ganz schemenhaft etwas wahrnehmen. Sehr beruhigt, dass mein Kohlkopf doch nicht redet, versuche ich ein grünes Leuchten deutlicher zu erkennen. In kurzer Entfernung vor mir glitzert etwas grün Glänzendes in der Sonne und das spricht. Ich frage das grüne Leuchten woher es gekommen ist. Es gibt mir zu verstehen, dass es gar nicht weit von der Erde zuhause ist. Auf einem Planeten ähnlichen Gebilde, das wir aufgrund unserer metaphysischen Begrenztheit leider nicht erfassen können.

Das ist spannend! Dieses Wesen kann sich so weit runter transformieren, dass ich es schemenhaft wahrnehmen kann und sogar Sprache höre.

«Ihr Menschen seid noch recht verhaftet an Körper und Materie» sagt es

«Gerade diese Materie lässt euch noch zu blind sein für die Wirklichkeit. Solange ihr nicht gemeinschaftlich eure Herzen öffnet und ohne alle Bedenken füreinander da seid, werdet ihr leiden. Das macht auch, dass ihr so etwas wie eure Krankheiten erlebt. Eine höhere Lichtmacht hat euch nicht nur organische Herzen geschenkt, sondern das Wesentlichere, ein Lichtherz. Die Menschen unter euch, die ihr spirituelles Lichtherz gefunden und geöffnet haben, sind auf dem Weg zur höheren Dimension. Dorthin, wo ich und meinesgleichen schon eine ganze Weile sind. Wesen wie meines haben sich inzwischen auf eurer ganzen Erde verteilt, um zu helfen, aufdass es hier auch langsam feinstofflicher und liebevoller wird. Im Interesse des Universums ist es ganz wichtig, dass alle Völker der verschiedensten Planetenformen und Energieorte immer mehr in Richtung Licht wachsen. Ihr Menschen werdet dann eines Tages auch in der Lage sein uns zu sehen, Gedanken zu lesen, das, was ihr Ego nennt, in Licht aufzulösen. Ihr werdet anfangen euren Planeten zu pflegen. Euer Zuhause endlich lieben und achten. Wir Wesen aus einer anderen Dimension wundern uns zuweilen schon sehr, wie gedankenlos ihr Mutter Erde traktiert und wie eigenartig ihr oft miteinander umgeht.»

Mit einem großen Seufzer muss ich dem lieben, grünen Leuchten leider Recht geben. Und schwupps ist es verschwunden.

Gedankenperlen

Ist es denn wirklich noch so schwierig, miteinander in Frieden zu sein? Die Erde wie den eigenen Garten zu lieben und zu pflegen? Ruhm, sogenannte Ehre, Ansehen, Macht über Andere, sind das nicht alles Bewegungen, die keine Stärke bedeuten, sondern viel mehr Schwäche eines sich schützenden Egos?

Sollte es wirklich Wesenheiten geben, die schon so weit in Richtung Vollkommenheit unterwegs sind? Wir Menschen halten uns zuweilen gerne für die Krone der Schöpfung. Ich glaube, das sollten wir lassen und lieber mit dem festen Vorsatz, auch ein wenig mehr ins Leuchten zu kommen, täglich neu Lichtherz öffnen üben.

Wo geht es zum Stadtpark

Ich wohne in einer Stadt mit einem wunderschönen Stadtpark. Und ganz in der Nähe des Parks steht eine Bank, gestiftet von der hiesigen Sparkasse. Auf dieser Bank habe ich vorige Tage etwas verweilt. Dabei konnte ich zwei recht unterschiedlichen Kurzgesprächen,
typisch Mann und typisch Frau, lauschen.

Ich saß nicht lange, da kamen sich vor meiner Bank zwei Männer entgegen. Der, mit einem Rucksack, fragte den Anderen

«Entschuldigung! Wo bitte geht es zum Stadtpark?»

Der Gefragte drehte sich kurz wie eine Kompassnadel und ortete sich zügig Richtung Norden aus

«Sie gehen die Straße ungefähr 800 Meter hier geradeaus, noch durch den Kreisverkehr. Nach 100 Metern kommt dann eine Möglichkeit links abzubiegen, in die Beethoven Allee. Die gehen Sie entlang und biegen die erste, mögliche, Straße rechts ab. Da laufen Sie dann direkt auf den Park zu!»

«Danke»«Gerne»

Beide Männer gehen in ihre Richtungen weiter.

Etwas später treffen vor meiner Bank zufällig zwei Frauen aufeinander. Wieder eine mit einem Rucksack. Sie spricht die andere Frau an

«Hallo, ich habe eine Frage!Wissen Sie, wie ich zum Stadtpark komme?»
Die andere Frau dreht sich nach links und nach rechts, orientiert sich noch mal kurz

«Sie gehen hier die Straße entlang, bis Sie an einen Blumenladen kommen, Uschis Blumenparadies. Die haben dicht gemacht, aber der Name steht da noch groß auf der Schaufensterscheibe. Da müssen Sie dann links runter. Da kommt dann, das sieht man schon früh, eine Tankstelle oder KFZ-Werkstatt, ich weiß jetzt gerade nicht so genau. Da gehen Sie dann rechts die Straße runter und da finden Sie dann auch den Park. Die bauen da gerade am Eingang. Ich glaube, Sie müssen etwas drumherum gehen. Da gibt es einen Nebeneingang. Im Park ist auch ein kleines Café.»

«Oh, super, danke!»

Die Frauen verabschieden sich und gehen auch jede weiter in ihre Richtung.

Eine andere Situation von typisch Mann und typisch Frau.
Sie und er wollen abends gemeinsam essen gehen. Allerdings nur, wenn er es schafft, pünktlich aus seinem Büro zu kommen. Er verspricht morgens, ihr auf jeden Fall zu schreiben, ob es klappt. Sie ist zufrieden und beide fahren zu ihrer Arbeitsstätte. Sie arbeitet in einer Bank. Nach 2 Stunden findet sie etwas Zeit und schreibt ihm schon mal: Hoffe, es klappt heute Abend. Freue mich doch schon so sehr! Bis später.
Er liest das, denkt, dass es wirklich klasse wäre in dem neuen Restaurant essen zu gehen. Er hofft auch dass es klappt, schreibt aber nichts. Er hat ja noch kein Ergebnis. Und so widmet er sich wieder seiner Büroarbeit. Sie rechnet nach, ob er eventuell im Moment Zeit gehabt haben könnte, um kurz zu antworten. Zweifelt kurz, ob er sich überhaupt bemühen wird, das Büro pünktlich zu verlassen und bedient dann auch ihren nächsten Kunden.

Gegen Mittag hat sie Pause. Sie kauft sich in einer Boutique in der Nähe der Bank ein schickes Kleid. Und noch während sie zurück läuft, schreibt sie ihm: Ich konnte es nicht lassen, habe ein, vielleicht etwas teures, aber total sexy Kleidchen in knalle Rot gekauft. Du sollst doch heute Abend die schönste Frau im Restaurant haben.
Er liest auch das, muss lächeln und freut sich. Da er aber genau jetzt einen wichtigen Telefontermin hat, denkt er, ich muss trotzdem schnell zurückschreiben sonst wird sie sauer. Er schreibt: Super, freue mich! Dann telefoniert er.
Sie schaut auf ihr Handy und denkt, mehr fällt ihm dazu nicht ein? Vielleicht weiß er schon, dass es heute nichts wird und schreibt das nur noch nicht.
Ihre gute Laune knickt spontan ein, sie arbeitet auch weiter.

Nach gut einer Stunde könnte er nun wirklich wissen, ob er pünktlich aus dem Büro kommt, überlegt sie und schreibt ihm: Wie sieht es aus? Klappt das mit unserem Restaurantbesuch heute noch? Wir hatten uns doch so gefreut?
Als er das liest, drückt es in ihm. Immer diese Drängelei, fühlt sich nicht gut an. Er schaut auf seine Restarbeit für diesen Tag und hofft, rechtzeitig fertig zu werden. Da er noch 2 Stunden arbeiten muss und immer noch nicht genau sagen kann, wie es ausgeht, will er warten, bis er vor dem offiziellen Arbeitsschluss sagen kann; klappt oder klappt leider nicht.
Sie denkt, nun ignoriert er mich auch noch, er könnte wenigstens kurz mitteilen wie es bei ihm aussieht.
Kurz vor seinem Dienstschluss, sie rechnet inzwischen überhaupt nicht mehr damit, dass ein schöner Abend im neuen Restaurant folgt, schreibt er: Huhu, hab es doch noch geschafft. Hole dich in 20 Minuten an der Bank ab. Habe einen Riesenhunger und freue mich auf heute Abend. Bis gleich!
Sie schaut auf ihr Handy und ist nicht zum ersten Mal mehr als verwundert.
Es wird dann tatsächlich noch ein wunderschöner Abend.

Gedankenperlen

Es gibt recht viel Literatur zum Thema Mann sagt, Frau deutet, was er meinen könnte, oder das Ganze umgekehrt. Wobei wir Frauen oft dazu neigen, um Ecken zu denken, um die wir nur schwer sehen können. So erwartet man weibliche Reaktionen in männlichem Refugium. Der gleiche Tagesablauf mit entsprechendem Handykontakt mit der besten Freundin sähe sicherlich ganz anders aus.

Die Basis jeder guten Partnerschaft ist das gegenseitige Vertrauen. Wer dem Anderen vertraut, wird mit vielen Situationen gelassen umgehen können. Dann ist eine, nicht sofortige, Rückmeldung keine, indirekte Absage, sondern normal. Fälschlicherweise neigen wir häufig dazu, von uns auf den Partner, die Partnerin zu schließen; so wie wir handeln und denken, glauben wir, denkt und handelt der Andere auch. Das muss zu Missverständnissen führen.
Wenn dann der eigene Selbstwert Absicherungen beim Partner sucht, wird es immer wieder zu Spannungen und unguten Gefühlen kommen.

Oft sind es ja die banalen Situationen die zum Disput führen können, genau wie in unserer Geschichte. Vielleicht kann es helfen, sich einmal mehr klar zu machen, wie tickt der Andere denn im Alltag. Mein Partner, der von seiner Arbeit aus nicht direkt antwortet, lässt er mich warten, ist er nicht ehrlich? Oder ist er im Alltag nicht auch derjenige, der nicht viel drumherum erzählt, aber wenn es darauf ankommt Einsatz zeigt. Wenn er sich dann nicht direkt meldet, hat das mit mir gar nichts zu tun, sondern er arbeitet, weil er selbst noch nichts Näheres weiß.

Vertrauen erleichtert den gegenseitigen Zugang sehr. Nicht vertrauen hingegen stellt uns die Frage; was ist los mit mir? Habe ich in meiner Kindheit durch entsprechende Erfahrungen mich schützen müssen, wurde mein Vertrauen durch Missachtung der Erwachsenen gebrochen? Dann habe ich die Aufgabe heute innen noch mal gründlich aufzuräumen.

Meine Gefühlswelt in bestimmten Situationen ist dann immer noch vom alten Kindermuster geprägt, nicht entlarvt, auf mein Gegenüber projiziert.

Mit der Frage: Was mag ich an mir? kann ich starten. Vielleicht gibt es noch irgendwo ein echtes Kinderfoto, das ich hierfür zu Hilfe nehme. Einem kleinen Kind sagt man nichts Schäbiges.
Die Gedankenperlen zur ersten Geschichte können auch sehr hilfreich sein.

Dieses Vertrauen zum Partner, zur Partnerin ist natürlich nicht zu verwechseln mit einem blinden Anklammern, einer Co-Abhängigkeit, egal, was der Andere einem antut. Aber das ist uns ja auch ganz klar!

Sprechen macht Wetter

Die Älteren unter uns kennen noch den Ausspruch *Er wollte schön Wetter machen!* Gemeint ist nicht, da tanzt ein begabter Schamane Regen weg. Nein, dieser Spruch sagt, jemand möchte mit guten Worten etwas wieder gutmachen, mit netten Aussagen eine sonnigere Atmosphäre schaffen.
Gleich gibt es ein Donnerwetter! Auch so ein alter Spruch, aber mit ganz anderem Effekt.

Und tatsächlich, Sprechen macht Wetter.
Lasst uns das mal, anhand einer Situation die jeder kennt, durchspielen.
Ein Mann und eine Frau wollen gemeinsam frühstücken. Vielleicht fragst du, was kann denn da schiefgehen? Oh, eine ganze Menge, alles oder aber gar nichts. Je nach verbaler Wetterlage.

Unser Spiel geht folgendermaßen:

Wir lesen gleich vier unterschiedliche Frühstück Gesprächssituationen und danach vier unterschiedliche Wetterberichte. Unsere Aufgabe ist, die Gesprächssituationen dem passenden Wetterbericht zuzuordnen.
Los geht's!

1. Situation

Es ist Samstagmorgen gegen 9.30 Uhr. Marie und Tim sitzen sich am gedeckten Frühstückstisch gegenüber.

Marie«Schau mal, ich habe dir Aprikosenmarmelade mitgebracht, nur Frucht, ohne Zuckerzusatz.»

Tim erwidert«Das ist lieb! Die probiere ich gerne.»

Er greift zum Glas und sagt«Heute ist Weinmarkt. Sollen wir da später mal hingehen?»

Sie«Vielleicht finden wir einen leckeren Wein für einen besonders schönen Anlass.»

Tim «Mit Sicherheit. Einen schönen Anlass weiß ich auch bereits. Morgen Abend!»

Marie schaut fragend «Habe ich da etwas vergessen?»

Tim «Nein, aber nächste Woche haben wir doch beide frei. Ich finde, das ist Grund genug für guten Wein.»

Beide lachen und räumen gemeinsam den Frühstückstisch ab.

2. Situation

Es ist Samstagmorgen. Holger frühstückt nie, er sitzt am Tisch und trinkt nur Kaffee. Renate hat sich ein Wurstbrot gemacht und setzt sich mit Kaffee und Brot dazu. Holger starrt auf den Tisch und Renate auf Holger.

Renate «Heute könntest du endlich mal den Keller aufräumen, der Mist wächst schon die Treppe rauf.»

Holger schaut träge hoch «Und du mal wieder deine Haare waschen, sieht auch nicht besser aus.»

Er schlürft seinen Kaffee und starrt wieder vor sich auf den Tisch.

Sie «Guck dich doch an.»

Dann schweigen beide. Holger schiebt Krümel von gestern auf dem Tisch hin und her. Renate kaut ihr Brot und guckt frustriert aus dem Fenster.

Irgendwann sagt sie «Werde noch Kaffee kaufen müssen, ist ja sonst morgen nichts mehr da.»

Holger steht auf, stellt die Kaffeetasse weg und verlässt schweigend die Küche.

3. Situation
Es ist Samstagmorgen. Bernd steht vor der Kaffeemaschine und lässt Kaffee in seinen Becher laufen.

Aus dem Flur dröhnt Ella «Verdammte Scheiße, kannst du vielleicht einmal deine Schuhe einfach nur ordentlich nebeneinander stellen? Aber das muss der feine Herr ja nicht, seine Putzfrau macht das ja.»

Bernd schreit zurück «Halt's Maul und gehe mir nicht morgens schon auf den Sack.»

Ella kommt wutschnaubend in die Küche gestürzt «Du bist kein Mann, du bist eine Strafe. Wie konnte ich nur so blauäugig sein.»

Er «Wenn du nicht sofort deine dusselige Klappe hältst, dann kannst du blauäugig haben.»

Sie «Du kannst mich mal. Der Martin bei uns im Büro, das ist noch ein Mann mit dem man gescheit reden kann.

«Blöde Kuh, dann geh' doch zu deinem Helden!»
Bernd nimmt den vollen Kaffeebecher und schmeißt ihn in Richtung Spüle. Er landet krachend im Becken und zerbricht. Kaffee-

spuren laufen außen am Spülschrank runter. Bernd stampft aus der Küche, etwas später knallt die Haustür. Das Frühstück fällt aus.

4. Situationen

Es ist Samstagmorgen gegen 8.00 Uhr. Gerhardt sitzt am Frühstückstisch und liest in der Tageszeitung. Im Becher vor ihm dampft frischer Kaffee, ein Honigbrot auf seinem Teller. Ihm gegenüber sitzt Margret. Sie blättert im Kochbuch, auf der Suche nach einem Kuchenrezept.

Sie trinkt ihren Tee, isst auch ein Brot «Ich glaube, ich backe gleich diesen gedeckten Apfel-Mandelkuchen. Wenn die Kinder heute Nachmittag kommen ist er fertig.»

Gerhardt legt die Zeitung beiseite «Haben wir für das Backen alles da?»

«Ich glaube wohl. Bin mal gespannt wie dem Jungen die neue Arbeitsstelle gefällt!»

Gerhardt trinkt, schaut aus dem Fenster «Ich bin so froh, dass er gewechselt hat. Da wird es unserem Jungen viel besser gehen.»

Margret steht auf, kocht noch mal neuen Tee. Sie streicht ihrem Mann über den Arm und lächelt.

Er schaut zu ihr auf «Ich schäle gleich schon mal die Äpfel.»

«Und ich rühre schon mal den Teig, dann sind wir auch schnell fertig.»

Margret setzt sich mit frischem Tee zu Gerhardt. Beide frühstücken in sich ruhend zu Ende.

Es folgen 4 unterschiedliche Wetterberichte:

1. Wetterbericht
Heute wird sich die Sonne nicht zeigen. Mit 10 Grad und Dauernieselregen erwartet uns ein, Grau in Grau, nasskalter Tag. Es weht ein kühler Wind aus Nordost. Die weiteren Aussichten;es bleibt unbeständig und kühl.

2. Wetterbericht
Auch heute ist noch vereinzelt mit Schneefall zu rechnen. Die Schneedecke bleibt weiter geschlossen. Bei sonnigen 2 Grad zeigt sich der Himmel strahlend blau. Es weht ein leichter Wind. Die sehr ruhige Wetterlage hält auch in den nächsten Tagen an.

3. Wetterbericht
Heute erwarten wir schönes Sommerwetter. Die Temperaturen liegen bei angenehmen 25 Grad. Es weht ein leichter Wind aus Südwest. Mit Bewölkung ist nicht zu rechnen, es bleibt trocken. Die Hochdruck Wetterlage bestimmt das Wetter der ganzen Woche.

4. Wetterbericht
Der Wetterdienst gibt für heute eine Sturmwarnung heraus. Es ist mit orkanartigen Windböen von bis zu 130 Stundenkilometern zu rechnen. In großen Teilen des Landes kommt es zu schweren Gewittern mit Hagelschlag. Es besteht Hochwasser Gefahr.

Vier Situationen und dazu vier Wetterberichte. Ich bin mir sicher, es ist gar nicht so schwierig das passende Wetter zur entsprechenden Gesprächs- und Gefühlssituation zu finden.

Da sind

"Marie und Tim"

"Renate und Holger"

"Ella und Bernd"

"Margret und Gerhardt"

Marie und Tim passen zu Wetterbericht 3!
Renate und Holger passen zu Wetterbericht 1!
Ella und Bernd, ganz klar, passen zu Wetterbericht 4!
Margret und Gerhardt passen zu Wetterbericht 2!

Gedankenperlen

Vielleicht beobachtest du in nächster Zeit immer wieder mal die eigene Art Dialoge zu führen. Oder du schaust dir mal ganz bewusst an, wie Andere untereinander *Wetter machen.*
Worte haben Macht! Und gesprochene Worte können wir nicht zurückholen.
Ein *das hab ich nicht so gemeint* hat zuvor mit Worten negative Energie verursacht.
Kommunikation ist Sendung und Empfang feinstofflicher Frequenzen. Wir konnten in unseren Beispielen sehr deutlich die entsprechende Stimmung aufnehmen. Worte, unreflektiert weitergegeben, landen durch die Aufnahme im Kopf des Gegenübers weiter ins Gefühl. Dort verursachen sie, passend zum Gesagten, die dazugehörigen Gefühle.
Deshalb ist es so wichtig, immer wieder in Selbstbeobachtung zu gehen; möchte ich das, was ich verbal aussende auch genauso für mich hören? Weichmalende Worte sind daher ein gutes Mittel, mit dem Gesprächspartner im ungestörten Kontakt zu bleiben.

Die Idee, Streit gehört in jeder Partnerschaft, bei Freunden oder gar mit den eigenen Kindern dazu, entspringt keinem guten Bewusstsein. Diskussion, klare Worte mit eigener Meinung gesprochen, ohne anzugreifen, ohne zu verletzen, sind die Voraussetzung jeder verbalen Interaktion.
Das dazu passende Gefühl ist Ausdruck von Würde, Respekt und Harmoniebereitschaft.

Ich bin mir sicher, umso bewusster wir unser Sprachverhalten, mit Blick auf die Wirkung auf unser Gegenüber, reflektieren, desto häufiger wird bei uns in Zukunft die verbale Sonne scheinen!

Wo lassen Sie denken?

Als Jugendliche, lange ist es her, habe ich ein Poster in meinem Zimmer an die Wand genagelt auf dem stand: Wo lassen Sie denken? Damals nahm ich mir vor, mich nicht von außen manipulieren zu lassen. Mir eigene Gedanken zu machen, nicht einfach zu übernehmen, das, was Andere propagieren. Oft ist mir das auch gelungen, zuweilen aber auch nicht.

Im großen Zusammenspiel von kollektivem Bewusstsein, Medienrummel, ständiger Einflüsse verschiedenster Denkweisen, Ausrichtungen und Annahmen, bleibt die Aufgabe, immer wieder bewusst in sich hineinzuhören. Was denke ich da gerade? Das trainiert unseren Geist selbstständig und produktiv zu arbeiten. Das Ergebnis ist ein eindeutiger, unabhängig funktionierender Geist, der gebrauchbare Gedanken und Gefühle hervorbringt.

Passend zum Thema: Wo lassen Sie denken? möchte ich eine kleine Anekdote aus meiner Nachbarschaft erzählen. Nach dem Motto *Ich glaube alles, wenn ihr es mir nett verpackt!*

Bei mir schräg gegenüber wohnt Frau Blechstein. An sich ist das gar nicht schlimm, würde sie nicht regelmäßig bei mir anschellen um ihre neusten TV-Shopping Einkäufe zu präsentieren. Vor einigen Tagen stand sie einmal mehr vor meiner Tür. Diesmal mit kleinem, weißen Kunststoffkoffer. Der Inhalt, das Highlight der Woche. Den Koffer in meinem Wohnzimmer geöffnet, kam ein 24 Stunden wirksames, lichtreflektierendes Mineralpulver zum Vorschein. Selbstverständlich mit Bronzer Pinsel und einem dreiteiligen Profi-Pinsel Set gratis dazu. Ob ich auch möchte, fragte meine Nachbarin. Frau Blechstein bestellt nämlich auch gerne für Andere.

Aber, ich möchte nicht. Zumal ich nicht mal weiß, was ein Bronzer Pinsel ist.
Entmutigen lässt sich meine Nachbarin aber von meinen inkompetenten Fragen zu ihren Einkäufen leider nicht.
Denn heute ist sie wieder da. Es gab bei ihrem Lieblings Shopping Sender etwas ganz Großartiges zu erwerben. Den Boden-Willi. Ein einzigartiger Staubsauger, der komplett autonom alles staubsaugt während die Hausfrau gemütlich vom Sofa aus Kaffee trinkend zusieht. Nun ist das Paket bei Frau Blechstein angekommen und sie direkt zu mir rüber, damit ich bei der Primäre dieses einmaligen Gerätes live dabei bin.
Den Staubsauger feierlich ausgepackt, kommt ein Pizzateller großer, runder zirka 15 Zentimeter hoher Kunststoffkasten, mit vielen kleinen Rädchen und einem Saugröhrchen unten drunter, zutage.
Dieses tolle Gerät braucht keine Schnur. Das kann der Boden-Willi dank intelligenter Technik der neusten Generation Staubsauger alles alleine. Das alles für einen sensationellen Stammkunden Preis von sage und schreibe 89,90€. Wer kann da schon Nein sagen, Frau Blechstein auf keinen Fall.

Also koche ich Kaffee, wir setzen uns gemütlich mit unseren vollen Bechern auf das Sofa. Frau Blechstein schaltet erwartungsfroh den Boden-Willi zu ihren Füßen ein. Ein dezenter Summton erklingt, Willi sprintet los. Wie ein Pfeil schießt er in die Ecke zwischen Fernsehschrank und Wand, dreht sich dort in atemberaubendem Tempo im Kreis, reißt sich irgendwann aus der Ecke los und schnellt zielsicher vor den Couchtisch. Er wirbelt um die Tischbein Kante und verschwindet neben uns unter dem Sofa.

Der Summton wird augenblicklich zum nervend lauten Quaken. Boden-Willi klemmt fest.
Frau Blechstein ist mehr als verärgert und macht ihrem Unmut in den Lärm hinein Luft. Mit Worten, die ich gerade nur bruchstückhaft verstehe. Und während die Nachbarin mit ihrer Enttäuschung beschäftigt ist, robbe ich auf allen Vieren kopfüber halb unter mein

Sofa um Willi zu befreien. Ich neige zuweilen zu einer etwas komischen, kurzzeitig emotionalen Verbindung zu Gegenständen. Willi tut mir leid. Deshalb teile ich der blubbernden Frau Blechstein schräg über mir mit, dass es ihrem Boden-Willi gerade gar nicht gut geht. Dann ziehe ich den kleinen Kerl vorsichtig zu mir und siehe da, ganz dankbar summt er wieder wie zu Beginn. Aus meinen Händen rutschend, kreiselt er unterm Sofa hervor, nimmt erneut tapfer Fahrt auf, beschleunigt gut und rast zielgerade auf die gegenüber befindliche, geschlossene Tür zu. Knallt davor und ist still. Aus, das war es. Gehirnerschütterung? Ich nehme mich zusammen und mache Boden-Willi wieder zu dem was er ist, ein Staubsauger mit der intelligenten Technik neuester Generation.

Frau Blechstein packt das stille Teil entrüstet ein und macht sich auf den Weg rüber zu ihrer Wohnung.

Dieser Staubsauger ist in seiner nicht funktionalen Art harmlos. Und sicherlich gibt es beim TV Shopping auch sehr gute, gebrauchbare Angebote.

Gedankenperlen

Wie viele *Boden-Willis* gibt es, die weitaus weniger harmlos sind. Glyphosat als viel angewandtes Herbizid auf Äckern ist so ein *Boden-Willi*.

Politiker, die vor der Wahl versprechen, was sie nachher, warum auch immer, nicht halten können oder als Lobbyisten der Industrie mehr dienen als den Bürgern, auch ein *Boden-Willi*. Frieden schaffen mit noch mehr Waffen. Ein gefährlich dummer *Boden-Willi*. Tierwohl Versprechen auf dem Fleischpaket bei schlimmer Tierquälerei in der Massenzucht. Es gibt, wenn wir nachdenken, leider noch viele Beispiele von überall auf der Welt, wo Menschen zugunsten von Geld und Macht beeinflusst werden und sich beeinflussen lassen!

Wenn wir uns vornehmen, genauer hinzugucken, bei allem was man uns 'verkaufen' möchte. Wenn wir ein selbstständig denkendes Individuum sind, welches das große Ganze zum Besten aller immer wieder bedenkt, dann werden auf Dauer wertvolle Veränderungen geschaffen werden.

Der neue Zeitgeist fordert uns auf, uns unsrer Möglichkeiten bewusst zu werden. Jeder einzelne von uns ist in der Lage durch eigenverantwortliches, sinnvolles Denken und Handeln einen wunderbaren Beitrag zu dieser Zeit zu geben.
Dann werden wir absehbar alle, im Kollektiv nebeneinander, in die gleiche Richtung gehen; eine Weltgemeinschaft!

Packen wir's an!

Wachstumssymptome

Wochenende! Heute komme ich mal etwas zu Ruhe. Während ich nun in meinem Wohnzimmer so vor mich hinsitze, meinen Blick leer aus dem Fenster auf hohe Tannen gerichtet, spüre ich mit einem Mal ein kleines Unbehagen in der Magengegend.
Mein erster Gedanke; heute habe ich Zeit um einmal mehr tief in mich zu gehen, mich ganz meinem seelisch, geistigen Wachstum zu widmen. Dieses Rumoren in mir gehört eindeutig dazu. Es sagt, da tut sich etwas. Das Loslassen alter Muster und unschöner Erfahrungen macht sich gerade noch mal bemerkbar. Schließlich habe ich ja auch, besonders in letzter Zeit, viel von dem bearbeitet, was noch belastend in mir hockte. Und man weiß, wie sehr alte Programme und Blockaden im Körper randalieren, sobald man sie anschaut, daran arbeitet und verändert. Der Körper als Ausdrucksorgan für alle seelischen Vorgänge. Was da oft über Jahre gelagert wird, muss bei Veränderung sich unschön bemerkbar machen, bevor es unser System verlassen kann. Genau dieser Prozess wirkt einmal mehr in mir, gut so!

Mein Unwohlsein wird stärker, inzwischen ist mir auch leicht übel. Druck steigt vom Magen aus nach oben. Mir ist dabei ganz klar, da wird alter Ballast bewegt. Gerade wird gründlich innen gereinigt und aufgeräumt. Alle unguten Erfahrungen, die als Information energetisch in mir klebten, werden gelöst und ausgeschwemmt. Bald ist es noch lichter und strahlender in mir. Die Urkristalle werden in mir leuchten und neue Stärke wird der Lohn für das lange,gute Arbeiten sein. Der Spruch 'Wer schön sein will muss leiden' bekommt hier eine feierliche Bestätigung.

Nun ist mir wirklich sehr übel. Ich scheine graue Energien der Vergangenheit förmlich ausspucken zu wollen. Weg damit, egal.

Den Weg frei machen, den inneren Aufstieg zwar mit Übelkeit aber doch freudig begrüßen.

Ach, ist mir schlecht. Ich spüre wahrhaftig wie es innen drückt und presst. Der Magen, mein Plexus Solaris, tut dabei ziemlich weh. Nur weiter so, ich durchlebe den Schmerz heroisch. Schließlich steige ich gerade auf, die nächste Wachstumsstufe zum Greifen nahe. Kanäle weiten sich in mir, Lichtenergien erhalten mehr Raum.
Ich bin ziemlich stolz auf mein tapferes Durchhalten und begeistert, wie großartig dieses Zusammenspiel von Arbeiten am inneren Wachstum, verbunden mit konkreten Reinigungssymptomen hin bis zu körperlichen Beschwerden, funktioniert. Trotz Übelkeit ein gutes Gefühl!

In mein Sinnen hinein betritt mein Lebensgefährte das Wohnzimmer

«Sag mal, ist dir auch so übel? Ich glaube, ich habe das Ballaststoff - Protein Müsli nicht vertragen. Mir ist richtig schlecht, oh, ich muss mich übergeben.»
Raus ist er.

Schade, Müsli nicht vertragen ist so unromantisch, kein bisschen spirituell.
Aber spannend, wie Betrachtungsweise einer Situation Leidensempfindungen beeinflussen kann. Wenn man glaubt, eine Übelkeit ist Resultat einer, sich lösenden, alten, Kindheitsschlacke, die lange im System festsaß, dann kann man sich stolz und gut gelaunt übergeben.
Weiß man, da rebelliert mein Magen, weil er keine Unmenge vom Ballaststoff-Protein Müsli wollte, dann empfindet man hingegen keine Freude mehr, wenn es heftig innen drückt.

Gedankenperlen

Es ist sehr interessant, zu beobachten, wie Denken unsere Gefühle beeinflusst. Unser Geist ist ein mächtiger Manipulator wenn es um Denken und Fühlen geht. Aber birgt genau das nicht auch riesige Chancen für ein besseres Leben?

Man weiß inzwischen, dass bei dem, was wir denken, wie unser Geist unsere Gedanken füttert, wir uns besser oder schlechter fühlen. Der Geist vermag sogar den Körper zu heilen; auch das weiß man inzwischen. Was liegt also näher, als den eigenen Geist zu schulen, aufdass er unser Gehirn mit brauchbaren, Mut machenden und überzeugend positiven Gedanken stärkt.

Dazu eine kleine Vision

Versuche zur Ruhe zu kommen, dort, wo dich niemand in den nächsten Minuten ablenken wird. Lasse vor deinem geistigen Auge einen großen, leeren, dunklen Raum entstehen. Diesen füllst du langsam mit einem bewegten Bild von dir im Idealzustand, ohne irgendeine Krankheit, jung und gesund. Alles, was du dir wünschst, in diesem Raum geschieht es in Perfektion. Steige, so gut es dir gelingt, mit allen Sinnen und in Farbe in die Situation ein. Lass das alles im Jetzt sein, nicht in der Zukunft. Wenn es sich wegschiebt, zieh es wieder näher zu dir. Versuche das lebendige Bild nicht als Trost oder Spielerei zu bewerten, sondern lasse es deine Realität sein, ohne alle Zweifel!
Nach einer Weile kehre in deinen Raum und Alltag langsam zurück.

Übrigens, sollte mir nochmals von irgendeiner Speise übel werden und mein letzter Check Up beim Doktor war ganz okay, dann ziehe ich diesmal die Nummer mit den Aufstiegssymptomen knallhart durch.

Ich möchte abschließend noch sagen, dass Müsli sehr gesund sein kann. Und gute Gedanken sind es auf jeden Fall!

...mit Happy End

Auf den Tag 4 Jahre ist es her, dass Paulines Leben von einer auf die andere Sekunde für lange Zeit gefühlt, beendet wurde.

Es war an einem Dienstag Nachmittag, Pauline räumte gerade im Haus auf, ihr 6 jähriger Sohn Jonas spielte auf der nahe gelegenen Wiese mit seinen Freunden Fußball.
Als es unvermittelt schellte. Paulines Mann hatte wohl seinen Schlüssel vergessen. Doch als sie die Haustür öffnete, standen da zwei Polizisten vor ihr. Schlagartig überkam Pauline ein ganz ungutes Gefühl. Die Worte

«Wir haben für Sie eine sehr traurige Nachricht»

drangen nur noch wie durch dicken Nebel an ihr Ohr

«Ihr Sohn hatte soeben einen schweren Verkehrsunfall, der Notarzt konnte leider nichts mehr für ihn tun.»

Das Schlimmste was einer Mutter geschehen kann, es war passiert.

In der folgenden Zeit war nur Leere in Pauline. Alles war so sinnlos geworden, so kalt und schwer. Später kam Verzweiflung und Wut auf das Leben dazu. Wut, warum gerade wir? Verzweiflung, wie sollte es nur weitergehen können, ohne Jonas?
Ein Jahr später zerbrach ihre Ehe an dem dramatischen Geschehen. Paulines Mann sah keine Chance, seine Frau aus ihrem Trauerzustand, in dem sie sich komplett verschloss und selbst für ihren Mann nicht mehr zugänglich war, noch herauszuholen. Er hielt es nicht länger aus. Schließlich litt auch er schrecklich am Verlust seines Sohnes, ging damit aber anders um. Paulines Mann wollte das

Geschehene im Gespräch und Miteinander verarbeiten. Aber seine Frau reagierte jedes Mal verschlossener, irgendwann immer wütender, später gar nicht mehr.
Paulines Mann verzweifelte an ihrer Kälte und ging.

In der Folge diagnostizierte der Hausarzt eine schwere, depressive Episode bei Pauline. Sie bekam entsprechende Medikamente verschrieben, die sie genauso phlegmatisch einnahm, wie sie Kleinigkeiten aß, etwas einkaufte oder ohne innere Beteiligung aufstand und schlafen ging.
Ein weiteres Jahr, in dem kaum Kontakte zu Freunden oder ihren Eltern stattfanden, verstrich.
Tote Zeit, bis eines Abends das Telefon schellte, was seit langem nur noch selten geschah. Warum auch immer, Pauline nahm das Gespräch an. Es war ihre Freundin, Magdalena. Die beiden hatten sich vor Jahren beim Yoga kennengelernt und angefreundet. Aber seit Jonas aus Paulines Leben gerissen worden war, gab es kaum noch Kontakt.
Nun hatte Magdalena angerufen. Sie weinte bitterlich, ihr geliebter Mann war vor einem halben Jahr in die Geistige Welt geholt worden

«Pauline, du bist die Einzige, die mich verstehen kann. Du kennst den wahnsinnigen Seelenschmerz. Es will einfach nicht aufhören.»

Zum ersten Mal seit Monaten gelang Pauline bei diesem Telefonat aus ihrer toten Zeit auszubrechen. Sie schaffte es, zu weinen. Der, unendlich lange gestaute, Schmerz brach sich einen Weg und floss mit heftigen Tränen aus ihr hinaus.

Die beiden Frauen blieben im Gesprächskontakt und langsam wurde es bewegter in Pauline, die Zeit gab ihr die Chance Leben wieder etwas zu bemerken.

Inzwischen hatten sie es geschafft, sich einer Selbsthilfegruppe für Trauernde anzuschließen. Hier verstand jeder den Anderen, das tat gut. Es gab regelmäßig Vorträge, wie zum Beispiel zum Gedanken: Der Tod, drüben geht es weiter.
Einmal mehr zu hören, dass Sterben niemals das Ende eines Menschen bedeutet, sondern der Körper hier auf der Erde irgendwann verlassen wird, der Geist und die Seele aber in einer feinstofflicheren Ebene weiterleben, gab Trost. Sie hörten in der Gruppe

«Niemand geht verloren, Menschen gehen voraus! Und wen man später selbst in der Geistigen Welt treffen mag, den wird man auch wiedersehen.»

In dem Maße, wie Pauline lebendiger wurde, erwachte auch der Impuls in ihr, ihren Exmann, Johannes, unvermittelt zu kontaktieren. Sie rief ihn eines Tages an und war mehr als erleichtert, seine Freude über ihren Anruf wahrnehmen zu können. Auch er war keine neue Beziehung eingegangen, auch er trauerte noch um seinen Sohn, aber seine Art zu bearbeiten war eine andere gewesen.
Die beiden verabredeten ein Treffen und was immer dazu geführt hatte, sie fanden wieder Zugang zueinander und das intensiver als in der Zeit, wo alles noch in Ordnung war.
Eine neue Zeit begann für die beiden!

Auf den Tag genau 4 Jahre ist es nun her, dass Paulines Leben von einer auf die andere Sekunde für lange Zeit gefühlt, beendet wurde. Und heute sind Pauline und Johannes mit Magdalena noch einmal beim Trauerkreis dabei.
Pauline ist inzwischen wieder schwanger. Die neue, gereifte Beziehung zu ihrem Mann hat ihr viel Mut gemacht.
An diesem Abend soll es einen spannenden Vortrag geben, ein buddhistischer Mönch mit einem besonderen Thema hat sich angekündigt.
Es ist, wie erwartet, einmal mehr ein schöner Abend mit einem Mönch, der etwas ganz Besonderes ausstrahlt. Erklären lässt es sich

für die Zuhörenden nicht genau. Aber das, worüber er spricht; Reinkarnation, Sinnvollendung zum Erdenleben, das tröstet alle. Während die Mitglieder der Selbsthilfegruppe nach dem wunderschönen Vortrag, sich beim buddhistischen Mönch bedankend, den Raum verlassen, hält er Pauline und Johannes kurz zurück. Der Mönch spricht die Beiden persönlich an

«Du erwartest ein Kind, nicht wahr! Ich möchte dir etwas aus der *Geistigen* Welt mitteilen. Du hast großes Leid hinter dir. Leiden, das in diesem Leben zu deiner tiefgreifenden Entwicklung leider dazugehörte. Du hast es gemeistert. Dein Mann auf seine Art, auch. Und jetzt erwartet ihr einen kleinen Jungen. Auch er hat geholfen, eine wichtige Aufgabe durchzustehen. Gemeinsam habt ihr eine seelentiefe Erfahrung, Hilfe zur Transformation in Richtung Licht, miteinander abgeschlossen. Diesmal aber..wird euer Sohn bei euch bleiben.»

Mit einem sanften Lächeln verabschiedet sich der buddhistische Mönch, sein Fahrer wartet schon draußen.
Und Pauline und ihr Johannes fühlen sich noch einmal spontan wie im dichten Nebel, aber diesmal macht es sie auf eine wunderbare Art tief glücklich!

Gedankenperlen

Die Erde ist der Ort, zu dem wir, aus der feinstofflichen Welt, einmal mehr durch geboren werden reisen. Unsere Seele bekommt dann hier unten einen Körper. Diesen brauchen wir, um uns auf materieller Ebene zu erkennen und weil unsere *Begrenztheit* stoffliche Vorgänge braucht. Der Körper gibt hierbei die Signale der Seele fühlbar weiter. Freude, Schmerz, Trauer, Wut, unser Körper drückt alles entsprechend für uns wahrnehmbar aus.

Nehmen wir einmal an, wir sind hier, um zu reifen. Erfahrungen zu machen, mehr zu begreifen und letztendlich, um in Liebe ganz langsam einer Erleuchtung im Licht immer näher zu kommen.
Wir wissen, wie unterschiedlich, mühselig und schwierig unser Lebensweg oft sein kann. Wie viele schmerzhafte Situationen oder leidvolle Zeiten erleben wir, die wir nur allzu gerne aus unserem Lebensweg streichen würden.
Leider stellt sich dann die Frage; wie sollen wir reifen, Persönlichkeit entwickeln oder zu großer Erkenntnis kommen, wenn wir nicht zeitweise durch Leiden aufmerksam gemacht und gerüttelt werden?

Wachstum beginnt im Menschen, wenn es ihm schlecht geht, wenn man gezwungen wird genauer hinzusehen. Zu reflektieren, da stimmt etwas nicht mit mir.
Das sind dann keine Strafen für, auf immer ausgelieferte, Opfer, sondern Erfahrungszeiten, auf die, wenn man mittendrin steckt, gerne verzichten würde, die aber sehr wichtig sein können.
Mit jeder Reinkarnation haben wir die große Chance immer liebevoller, bewusster, lichtvoller und authentischer zu werden. Das braucht im guten Prozess seine Zeit. So macht es Sinn, dass wir viele Leben haben, um immer wieder aufs Neue weiterzukommen. Auf diesem Weg werden wir in den verschiedenen Leben, die unterschiedlichsten Leiden und Zeiten erleben. So werden wir uns verfeinern und dabei die eigene Lichtenergie langsam erhöhen.

Dass das gar nicht leicht ist, sehen wir an der Chronologie dieser Welt. Wie viele Kriege gibt es immer noch? Im Großen wie im Kleinen, Entwicklung braucht Zeit.

Wie gut ist es dann, dass wir mehrere Leben haben. So werden wir nie wieder denken müssen:
Wie kann Gott, das hohe Licht, das nur zulassen, was hier unten passiert?

Wir sind nicht das Puppentheater des Himmels. Keine Marionetten, von fremder Hand gesteuert. Wir haben einen freien Willen. Wie anders sollen wir sonst Erfahrungen machen und reifen, unser Auftrag für diese Erde.

Wenn wir Leben begreifen, den Prozess des Hierseins nachvollziehen können, dann wird auch deutlich, warum jemand arm, ein Anderer reich ist. Warum der eine gesund alt wird, der nächste aber sehr schnell wieder geht.
Und wenn wir das große Ganze betrachten, dann werden wir in einem Leben mal alt werden, ein anderes mal früh gehen, mal werden wir ein leichteres Leben haben, mal wird es uns leiden lassen. Alles das, erleben wir nur nicht alle zur gleichen Zeit, im gleichen Leben. Wir sind unterschiedlich weit entwickelt, was unterschiedliche Lebenserfahrungen und Aufgaben zur Folge hat.

Auf dem Weg zu Licht und Erleuchtung sind wir dabei alle!

Paradigmenwechsel

In meiner Jugend gab es sonntags um 14.00 eine Radiosendung, bei der man etwas gewinnen konnte. Damals freute ich mich immer auf diese Sendung. Und manchmal war ich auch bei den Gewinnern dabei. Mal gab es eine Zudecke, mal Seidenstrumpfhosen oder Tassen mit der Aufschrift *Radio Luxemburg*.
Frank Elstner war zu der Zeit Programmchef und Moderator dieses Senders.

Ich habe dann lange nicht mehr gewonnen. Und jetzt bin ich gerade zurück gekehrt von der fantastischsten Reise meines Lebens.

Vor ungefähr 3 Wochen lag eines Morgens ein Brief, der mehr als verwunderlich war, in meinem guten, alten Postkasten. Geöffnet, zog ich eine goldene Karte heraus. Auf der stand: Du hast gewonnen! Eine Reise ins Land der unbegrenzten Möglichkeiten!
Diese Post brachte mich schwer ins Grübeln. Normalerweise werfe ich ähnlich gestaltete Briefe immer sofort in den Papiermüll. Dieses Mal war es aber irgendwie anders.
Mir fiel ein, dass ich vor geraumer Zeit an einer Aktion, aus einer spirituell ausgerichteten Zeitschrift, teilgenommen hatte. Aber was genau das war und auch unter welchem Titel diese Zeitschrift erscheint, wusste ich nicht mehr.
Vielleicht hatte ich ja dort gewonnen?
Auf der goldenen Karte fand ich unter anderem auch eine Telefonnummer. Ich rief, eigentlich mehr aus Neugier, an. Und weil meine Stimme sagte; mach' es!
Am anderen Ende der Leitung empfing mich eine sehr freundliche Dame so, als hätte sie schon auf mich gewartet

«Schön, dass du dich meldest»

hörte ich ihre Stimme

«Du hast eine wunderbare Reise ins Land der unbegrenzten Möglichkeiten gewonnen. Alles kostenfrei. Zehn Tage sind für dich, an einem wunderbaren Ort mit schöner Unterkunft, reserviert. Wir holen dich zuhause ab und unser Flieger bringt dich direkt zum Urlaubsort. Du musst nur noch sagen, wann du Zeit hast.»

Mein Kopf sagte spontan: Lege sofort auf, sage Nein, lasse es. Meine Stimme gab mir zu verstehen: Sag Ja, es wird wunderschön. Und so hörte ich mich laut in den Telefonhörer sagen

«Das ist ja großartig! Ich kann schon nächsten Montag reisen»

Am folgenden Sonntag packte ich wie ferngesteuert meinen roten Rollkoffer. Und am Montagmorgen stand tatsächlich ein großes, weißes Auto vor meinem Haus. Wie selbstverständlich stieg ich ein. Der Fahrer, ein älterer, freundlicher Herr wirkte auf mich, als würden wir uns ewig kennen. Das beruhigte sehr. Ich fragte ihn unterwegs

«Es geht gleich ins Land der unbegrenzten Möglichkeiten. Fliege ich nach Amerika?»

Der ältere Herr lächelte freundlich «Amerika?»

Dabei zog er seine Augenbrauen entschieden verneinend kurz hoch

«Nein, deine Reise geht in ein Land mit wahrhaftig unbegrenzten Möglichkeiten, aber zum Besten aller dort.»

Was mein Fahrer sagte, klang spannend und schaffte Vorfreude.

Es dauerte auch gar nicht lange, da waren wir an unserem Flugplatz angekommen. Ich las auf einem Schild; Gemeinde Himmelblau. Ich fand das alles schon ziemlich seltsam. Nie zuvor hatte ich von diesem verschwiegenen Ort gehört. Schon gar nicht von einem Flugplatz an einem so kleinen Ort. Sehr merkwürdig das Ganze.
Der Wagen hielt. Ich stieg aus, nahm meinen Rollkoffer und verabschiedete mich dankend von meinem netten Fahrer. Der freundliche Herr wies mir noch den Weg zum Flugzeug. Über eine Wiese mit bunten Blumen führte es mich direkt zu einer Flugzeug Startbahn. Dort stand ein gar nicht so großes Flugzeug.
Kartenkontrolle, Einchecken, Kofferband und Wartezeiten gab es nicht.
Mit mir liefen noch 20 andere Personen unterschiedlichen Alters auf das Flugzeug zu. Lustigerweise kamen wir alle gleichzeitig an. Stiegen einfach ein, stellten unsere Koffer, wie selbstverständlich, in einem hinten befindlichen Laderaum ab und fanden uns gegenseitig sofort total sympathisch. Entsprechend fröhlich und gut gelaunt war die Stimmung an Bord.

Die Zeit im Flieger verging wie im Fluge. Klingt etwas schräg, war aber genau so. Denn nach, gefühlten, zwei Stunden landeten wir bereits wieder.
Man erwartete uns schon. Auch hier war es ein kleiner Flugplatz, auf dem 3 weitere Flugzeuge standen. Alle nicht größer als unseres.
Strahlend blauer Himmel, ein überaus freundlicher Empfang und eine absolut gute Stimmung vom gemeinsamen Flug, machte, dass es ein gutes Gefühl war hier zu sein.
Ein Bus fuhr auf die Rollbahn. Wir stiegen ein, unser Gepäck wurde verstaut, dann fuhren wir los.

Zunächst führte der Weg über eine Landstraße, vorbei an Wiesen, Feldern und Waldungen. Es war hier irgendwie anders als wir es von Zuhause kannten.

Auf einer Weide sah ich im Vorbeifahren Kühe, viele von ihnen hatten kleine Kälber in ihrer Nähe. Ein schönes Bild, das ich lange nicht mehr gesehen hatte.
Einmal hielt der Bus auf freier Strecke und eine Gruppe Rehe kreuzte die Straße. Etwas später entdeckte ich während unsrer Fahrt auf einer Wiese Schweine, die wie spielende Kinder immer wieder in einen kleinen Teich sprangen und sich miteinander vergnügten.

Dann kamen wir in einem Dorf ähnlichen Ort an. Was sofort auffiel, hier gab es keine Hochhäuser. Überall fand man Blumen geschmückte Vorgärten vor dem Haus. Hier und da sah es noch nach einem alten Tante Emma-Laden aus. Überhaupt schienen alle hier recht gelassen zu sein. Selbst die Autos waren gemächlich unterwegs.
An einer Pension mit vielen Balkonen hielten wir an. Wir hatten unser Ziel erreicht.
Und wieder wurden wir mehr als herzlich empfangen. Mein Zimmer war liebevoll dekoriert. Auf einem kleinen Tisch nahe dem Balkon stand ein Korb mit Äpfeln und Birnen. Den lichtdurchfluteten Raum erfüllte ein weicher Duft nach Blüten und Frühling.
In den folgenden Tagen sollte ich noch viel Wunderbares erleben.

Gut ausgeruht begann der erste Urlaubstag mit einem reichhaltigen Frühstücksbüfett. Ein gemütlich hergerichteter Speiseraum mit einem Ausgang auf eine Terrasse im Grünen, lud zum gelungenen Tagesstart ein.
Weil ich frühstücken liebe und daheim auf möglichst biologisch angebaute Lebensmittel achte, fragte ich die Dame vom Service, ob eventuell etwas vom Büfett Bioqualitäthat. Und wenn nicht, dann sei es so natürlich auch okay. Die Dame schaute mich daraufhin verständnisvoll an und sagte

«In unserem Land wächst alles ganz natürlich und gedeiht dabei immer gut. So kennzeichnen wir, wenn mal ein Lebensmittel *nicht sauber* ist. Da findest du dann aber einen Warnhinweis: Dieses Lebensmittel gefährdet deine Gesundheit! Es enthält Reste von Pestiziden, Insektiziden und anderen Boden Giftstoffen!»

Die Servicedame versicherte mir, dass solche Nahrungsmittel nur noch sehr selten importiert würden. Ich könne also genussvoll frühstücken.
Man kann sich sicherlich vorstellen, wie gut sich das anfühlte.
So wurde das Frühstück während meines Aufenthaltes zum inneren Sonnenaufgang jeden Tages.

An den Abenden suchten wir oft als Gruppe ein recht einladendes Restaurant, ganz in der Nähe unserer Pension, auf. Dass auch hier der Service mehr als freundlich war, muss ich bestimmt nicht mehr erwähnen.
Als wir das erste Mal dort essen waren, bin ich, bei Sicht auf die Speisekarte, vor Freude fast vom Stuhl gefallen. Hier gab es überwiegend vegetarische und vegane Gerichte. Ich musste nur noch aus einer Vielzahl herrlicher Kompositionen auswählen. Und da kein Gericht einen Warnhinweis trug, war auch in diesem Restaurant alles köstlich und wertvoll. So suchten und fanden wir abends immer reichlich Angebote, die allen schmeckten. Dabei stellte sich heraus, wir alle waren Vegetarier oder Veganer. Und es war für alle einmal etwas Besonderes, anstelle einer kleinen Auswahl, wie in den meisten Restaurants daheim, aus dem Vollen schöpfen zu können.
An solch' einem Abend brachte uns einmal ein recht gesprächsfreudiger Mann das Dessert. Ein Mousse mit, uns fremden, aber sehr leckeren, Früchten. Der Mann setzte sich eine Weile zu uns. Es stellte sich heraus, dass er morgens Lehrer in der Schule im Ort war und abends im elterlichen Restaurant aushalf.

Wir kamen ins Gespräch und ich äußerte den Wunsch, ihn in der Schule einmal besuchen zu dürfen. Zu meinem Erstaunen war das für den Mann kein Problem.
So stand ich am nächsten Morgen pünktlich um 9.30, Unterricht begann für alle Kinder nie eher, vor der Schule.
Die Restaurant Bedienung vom Vorabend, die heute Morgen Lehrer war, winkte mir von weitem zu.
Ich durfte sogar mit in den Unterricht. Auf dem Weg zum Klassenzimmer erfuhr ich, dass heute ein Aufsatz geschrieben wurde. Wir betraten den Klassenraum. Die 19 Kinder im Alter von 9 Jahren saßen bereits auf ihren Plätzen und begrüßten uns fröhlich. Alle waren anscheinend gut drauf. Ich dachte kurz, wenn euer Lehrer jetzt den Aufsatz ankündigt, wird die Stimmung bei einigen ganz schnell kippen.
Aber genau das Gegenteil war der Fall. Alle jubelten und freuten sich, als hätte ihr Lehrer einen Ausflug angekündigt.
Die Kinder saßen zu viert oder fünft an großen Tischen. Bunt- und Filzstifte wurde aus den Taschen geholt. Der Lehrer legte auf jeden Tisch ein riesengroßes, weißes Blatt Papier und sagte

«Heute heißt unser Zauberwort *Mitgefühl*. Wir haben in den letzten Wochen dazu ganz viel herausgefunden. Schreibt und malt auf eure Blätter was zu unserem Zauberwort gehört, was wichtig ist.»

Es war schön anzusehen, mit welcher Begeisterung sich alle daran machten, ihre Blätter mit Worten und Bildern zu füllen. Was auffiel war, dass die Kinder in einem regen Miteinander arbeiteten. Man half sich bei der Wortfindung oder wenn eine Farbe fehlte. Alle waren mit Freude dabei und jeder wusste etwas auf das Blatt zu bringen. Der Lehrer ging von Tisch zu Tisch, lobte, erinnerte, was zu *Mitgefühl* noch passen könne und war dabei liebevoll weisendes Gruppenmitglied.
Als alle ihre Schreibarbeiten und Kunstwerke fertig gestellt hatten, kamen die bunt gestalteten Blätter an die Wand. Die Gesamtgestal-

tung der Gruppenblätter war äußerst kreativ. Hier hatten alle Kinder begriffen und konnten fühlen, was Mitgefühl bedeutet.

Leider verging die Zeit in diesem "so anders Land" viel zu schnell. In vollen Zügen genießend, machte ich in der Restzeit, die noch blieb, immer wieder kleine Wanderungen durch einen nahe gelegenen Wald. Was mich dabei immer wieder erstaunte, die Rehe, Hirsche, Wildschweine, Füchse und Vögel verhielten sich gelassen wie alle Menschen hier auch. Die Energie der Friedfertigkeit hatte sich übertragen. Nicht, dass hier alle Tiere handzahm waren, sie waren bei entsprechendem Respekt nicht scheu. Kamen nahe heran und ließen sich bei Futtersuche und Wanderungen nicht stören. Es war deutlich, dass in diesem Wald kein Mensch zerstörender Weise eingriff. Kein Tier wurde erschossen, um als Braten auf einem Tisch zu landen. Es funktionierte gut so, das machte den Wald zum lichtvollen Erholungsort.

Am letzten Tag unserer Reise erfuhren wir, dass die gütige Großmutter uns eingeladen hat, sie am Rande des Ortes zu besuchen. Gütige Großmutter klang weise. Und so freute sich unsere Gruppe sehr auf das Treffen.
Nach dem, diesmal früheren, Abendbrot machten wir uns erwartungsfroh auf den Weg. Die weise Dame wohnte im letzten Haus des Ortes. Ein altes Gemäuer, klein und sehr gemütlich schon im Äußeren. Auch hier ein Vorgarten voller bunter Blumen. Überall an den Blüten summten Bienen, Hummeln und saßen Schmetterlinge. Apfelbäume zierten den Garten hinter dem Haus. Dort standen Bänke, Sitzkissen in allen Farben darauf machten das Bild rund.
Hier empfing uns die gütige Großmutter lächelnd. Sie war eine stattliche Frau, sehr alt und doch alterslos, eine strahlende Erscheinung. Sie bat uns, auf ihren Bänken Platz zu nehmen. Auf kleinen Tischen, im Garten verteilt, standen Krüge mit Saft und frischem Wasser, Gläser dazu. Wir sollten uns bedienen, was wir gerne taten.

Als wir alle saßen, sagte die alte Dame

«Schön, dass ihr hier seid. Ich möchte euch gerne von uns erzählen. Ihr habt bestimmt schon bemerkt, dass hier Vieles wirklich anders ist als bei euch zuhause. Alles fühlt sich für euch sicherlich leichter und lichtvoller an. Das liegt daran, dass wir miteinander und mit allen Tieren und Pflanzen in Gleichklang leben. Das tut allen und allem so gut, dass es hier seit geraumer Zeit keine Krankheiten mehr gibt. So etwas wie ein Krankenhaus benötigen wir nicht mehr. Stattdessen findet ihr bei uns Gesundheitsoasen zum Verweilen, meditieren, dankbar beten oder einfach beisammen sein.
Nicht mal Diskussionsräume brauchen wir noch, weil wir nicht mehr kontrovers denken. So gibt es hier keine schwierigen Einigungsversuche, wie bei euch. Stellt euch unser Leben vor wie einen Berg, an dessen Spitze Viele leben. So nahe beieinander ist geistige und seelische Ausrichtung sehr gleich. Nicht manipulativ konstruiert, sondern wahrhaft einsichtig durch entsprechendes Wohlgefühl entwickelt.
Aber, auch in unserem Land war es nicht immer so. Weit zurück gab es Zeiten, die waren wie die euren. Auch wir kannten Krankheiten, Ängste, achtloses Handeln untereinander, an Tieren und Natur. Auch wir hielten alles das für ganz normal. Ich lebte damals schon und kenne diese Zeiten und eure Erfahrungen mehr als gut. Aber dann geschah etwas, das einen wunderbaren Strom in Bewegung setzte.

Und das kam so:
Die damaligen Herrscher des Landes trafen sich regelmäßig zu kulinarischen Feierlichkeiten. Sie saßen dann beieinander, aßen, stritten, diskutierten oder waren sich einig. Ziemlich genau so, wie bei euch heute noch.
An einem von diesen Abenden hatte eines Tages Sonam, ein tibetischer junger Mann, der Landessprache inzwischen mächtig, Dienst. Er war für den Service am Tisch eingeteilt worden. Musste anreichen und abräumen. So war er ziemlich nahe am Gesprächsge-

schehen. Und da Sonam kein Wort sprach und immer nur freundlich nickend ringsherum bediente, glaubte man, er verstehe eh nicht, was gesagt wird. Oder man nahm ihn, weil ja nur Service, nicht wirklich wahr. So konnte Sonam gutgetarnt bei allen Gesprächen zuhören. Und was er da zu Ohren bekam, machte ihn traurig und wütend.

Einmal musste er hören, wie ein Großbauer seinem Tischnachbarn, dem Herrscher über die damalige Landwirtschaft, sagte, dass er es großartig fände, dass sie beide so gut befreundet seien. So würde in seinem Sinne dafür gesorgt, dass er, der Großbauer, ungestört düngen könne. Für die dadurch teurere Grundwasser Reinigung hätten sie ja das bezahlende Volk. Und er müsse auf jeden Fall seine Gülle aus der Massentierhaltung loswerden. Bei der Masse an Tieren in seinen Stallungen wäre es auch wichtig, dass es für die Tierhaltung keine anderen Lebensbedingungen gäbe, das wäre mit viel zu viel unnötigen Kosten verbunden, da die Tiere ja nicht zu ihrem Vergnügen gemästet würden. Woraufhin der Herrscher über die Landwirtschaft dem Großbauern versicherte, dass er keine neuen Gesetze zuließe. Zumal sie am letzten Wochenende einen so herrlichen, gemeinsamen Kurzurlaub in Südafrika verbracht hatten.

Der arme Sonam war entsetzt, wie die Oberen sprachen. Aber es ging weiter. Auf der anderen Seite des Landwirtschaftsherrschers saß ein Mann der Industrie. Auch er war gut befreundet mit seinem Tischnachbarn. Er erinnerte den Landwirtschaftsmann daran, dass er große Verträge mit dem Ausland geschlossen habe. Giftige Düngemittel in riesiger Menge sollten ins Land kommen und dann von überzeugten Bauern auf deren Feldern gesprüht werden. Es wäre natürlich eine kapitale Katastrophe, wenn das Ausbringen von Gift auf Feldern untersagt würde. Auch hier zeigte sich der Landwirtschaftsherrscher kollegial und einsichtig. Er versprach, egal was das Volk zu murren hätte, er brächte das Recht auf das Düngemittel für mindestens 5 Jahre ungestraft durch.

Sonam vernahm dazu von der anderen Seite des Tisches die Stimme einer Dame, die meinte, vielleicht sollte man das doch noch mal überdenken. Es gäbe überzeugende Studien, die bei diesem Mittel belegen, dass es Tumore und Krankheiten fördere und wichtige Insekten und Vögel tötet. Sonam sah, wie diese Frau belächelt wurde. Es war ihm sehr weh ums Herz.

Als er etwas später auf der anderen Seite des Tisches den Nachtisch servieren musste, hörte er gerade einen Teilnehmer zu seiner Nachbarin sagen, dass sie mit der Versuchsreihe an Tieren und freiwilligen Studenten noch nicht durch seien. Man müsse noch weiter prüfen, ob das neue Schmerzmittel in seiner jetzigen Zusammensetzung nicht zu schädlich ist. Noch gäbe es Störfälle bei den teilnehmenden Studenten und bei den Tieren auch.
Sonam vernahm immer wütender werdend die Antwort der Dame, die meinte, sie selbst würde sowieso diese Mittel nicht nehmen. Aber es sei mal eine hervorragende Einnahmequelle. Die Herstellung würde ein paar Cent kosten, der Reingewinn sei immens. Und darum ginge es ja schließlich. Und das Volk schlucke doch alles.
Als Sonam am Ende des Abends, als die Herrschenden den Saal satt und zufrieden verließen, noch hören musste, dass es Sinn mache, die Steuern zu erhöhen, dem Volke ginge es zu gut, konnte er gar nicht schnell genug nach Hause kommen.

Direkt am nächsten Morgen machte er sich auf den Weg zum Bürgermeister seines Ortes, ein Recht schaffender Mann. Der hörte ihm aufmerksam zu und war seinerseits genauso entsetzt wie Sonam. Der Bürgermeister hatte sehr gute Kontakte zu vielen weiteren Amtskollegen. So kam es, dass in kürzester Zeit ein Treffen, fast aller Bürgermeister des Landes, stattfand.
Man war sich schnell einig, dass die Menschen des Landes nicht weiter für dumm verkauft werden dürfen. Es wurden Pläne gemacht. Ideen kreiert.
In den Kommunen taten sich große Gruppen zusammen und bestellten selbst Felder. Solidarische Landwirtschaft entstand. So

wurden die Felder immer sauberer und giftfreier. Bienen und Vögel kehrten zurück.
Die Menschen lernten, auch anhand von Forschungsergebnissen, dass zu viel Fleisch schädlich ist. Sie fingen an, über den Begriff Masttierhaltung nachzudenken. So kauften die meisten Menschen kein Fleisch von Tieren mehr, oder nur dann, wenn sie wenigstens eine kurze Zeit gut gelebt hatten. Allmählich mussten alle Schlachthäuser und Masttieranlagen schließen. Es wurden somit Felder frei,zuvor für Masttiernahrung gebraucht, nun für Anbau guter Nahrung für die Menschen. Langsam wurde auch immer klarer, dass chemische Medikamente in den meisten Fällen dem biologisch - menschlichen Körper gar nicht so gut tun. Es gab immer mehr Studiengänge, die sich mit Kräuterkunde und wertvollen Arzneimitteln aus der Natur befassten. Die Pharmaindustrie hatte bald nur noch eine Überlebenschance als Naturmittel Hersteller. Aufgrund der Nachfrage nach pflanzlichen Mitteln wurde umgedacht.

Das Großartige an dieser Veränderung war, dass die Menschen durch ihre Eigenverantwortlichkeit sensibler füreinander wurden. Bewusstsein für ein sinnvolles Leben miteinander und mit der Erde brachte allen mehr Lebensgeist.
Man übersah die Armen nicht mehr, sie wurden mitversorgt.
Es wurden keine Gelder mehr für pompöse Rathäuser, undefinierbare, teure Skulpturen oder Forschung für das Falsche ausgegeben. Somit wurde viel Geld für sinnvolle Investitionen zum Wohle aller frei.
In vielen Orten halfen Handwerker freiwillig beim Bau von Schulen und Turnhallen, das gesparte Geld floss den Armen zu.
So wurde in der Bevölkerung geweckt, was immer da war, aber bisher übertönt durch die Machenschaften aus der Macht der Herrscher.
Es entstand Stück für Stück ein Land, in dem es sich zu leben lohnt.

Ihr werdet fragen, was aus den Herrschern geworden ist?

Zunächst waren sie wütend und wollten eingreifen, sahen ihr Kapital und ihre schönen Reisen, ihren Luxus in Gefahr. Aber der Sturm der Erkenntnis, der durch das Land zog, war nicht mehr aufzuhalten. So mussten sie einsehen, dass nur, wenn sie sinnvolle Entscheidungen trafen, sie weiter an der sogenannten Macht blieben. Viele änderten sich daraufhin. Auch Herrscher sind wandelbar.»

Damit schloss die weise Frau ihre Geschichte ab. Ihre Worte waren uns allen zu Herzen gegangen.

Ich glaube, in allen von uns kam an diesem Abend der große Wunsch auf, am liebsten hier zu bleiben. Hier, wo alles schon so war, wie wir es uns aus tiefstem Herzen wünschten. Aber Zuhause warteten Aufgaben auf uns.
So bedankten wir uns, jeder mit einer herzlichen Umarmungbei der alten Dame für den wunderschönen Erzählabend und traten den Heimweg für eine letzte Übernachtung in dem lichtvollen Land an.
Am nächsten Morgen brachte uns der Bus von der Hinfahrt zurück zum kleinen Flugplatz, wo unser Flieger schon wartete. Der Rückflug war wieder schön, aber auch melancholisch besetzt. Zu herrlich war es im Land der unbegrenzten Möglichkeiten. Dort, wo wir lebten gab es hingegen noch sehr viel zu tun.
Vor der Landung in unserer Heimat tauschten wir alle unsere Adressen aus. Wir wollten uns Wertvolles von unserer Reise erhalten und davon auch etwas in unser Land bringen.

Am Flugplatz der Gemeinde Himmelblau stand das weißes Auto mit dem sehr freundlichen, alten Herrn bereit, um mich nach Hause zu bringen.

Nun bin ich zurück von der fantastischsten Reise meines Lebens. Und gerade eben hat mich doch tatsächlich die freundliche Dame angerufen, mit der Telefonnummer von der goldenen Karte mit der

Gewinnmitteilung. Sie fragte, ob es mir gefallen hätte. Natürlich hat es das, und wie. Ich fragte sie, wie ich das Land denn wiederfinden könne. Wo es sich auf dieser Erde wohl befindet. Ich und meine neuen Freunde würden so gerne noch mal dorthin reisen!
Die Dame am anderen Ende der Leitung sagte, dass sie mich gut verstehen könne. Aber einfach jederzeit in das Land der unbegrenzten Möglichkeiten reisen sei leider nicht möglich. Sie sagte:

«Das wunderbare Land kann nahe bei eurem liegen, aber auch recht weit entfernt. Wo es sich befindet und wie ihr es erreichen könnt, das entscheidet ihr selbst ganz alleine! Ich verrate dir aber schon mal, wie es heißt und warum du es auf dem Globus nicht gefunden hast.

Sein Name ist Zukunft!»

Zitate für die neue Zeit

Der Planet braucht keine
erfolgreichen Menschen mehr.
Der Planet braucht dringend
Friedensstifter, Helfer, Erneuerer,
Geschichtenerzähler und Liebende
aller Art

(Dalai Lama)

                    Das Leben aller Lebewesen,
                    seien es nun Menschen, Tiere
                    oder andere, ist kostbar,
                    und alle haben das gleiche
                    Recht glücklich zu sein

                    (Dalai Lama)

Wenn auf Erden die Liebe herrschte,
wärenalle Gesetze zu entbehren

(Aristoteles)

                    Wenn die Macht der Liebe die
                    Liebe zur Macht überwindet,
                    erst dann wird es
                    Frieden auf der Welt geben

                    (Jimi Hendrix)

Sinn des Lebens, etwas, was keiner ganz genau
weiß. Jedenfalls hat es wenig Sinn der reichste Mann
auf dem Friedhof zu sein.

(Peter Ustinov)

> Setze deinem Kind von damals eine Krone auf,
> nimm es liebevoll in deine Arme und sei gewiss,
> dass du es heilen kannst.

(aus "Innen gut, alles gut")

Buchempfehlung:

INNEN GUT, ALLES GUT
Gundi Zimmermann
Windpferd Verlag / ISBN 783864 101908

Wenn die Frage quält; warum leide ich seelisch, was hält mich von einem ausgeglichenen, freien Lebensalltag ab, dann ist
Innen gut, alles gut genau der richtige Begleiter auf dem Weg zur Selbstheilung.
Leicht aufnehmbar und sehr bildhaft, zuweilen auch recht humorvoll, erklärt das Buch wie es zur Ursache von Leiden kommt, welche Auswirkungen das später auf das Leben hat und wie man selbst verändern kann.

Es geht dabei nicht um theoretische Abhandlungen, sondern um Gefühlsübertragungen, die die Voraussetzung jeder Veränderung sind. Eingebettet in Geschichten, Kopfkino Übungen, Meditation, leichte Erklärungen und Gleichnisse für die Seele bringt das Buch Leserin und Leser wie selbstverständlich zum Ziel!